CPC分类案例汇编

中国专利技术开发公司◎组织编写

王文晶　王　雪◎主编

知识产权出版社
全国百佳图书出版单位

图书在版编目（CIP）数据

CPC 分类案例汇编/中国专利技术开发公司组织编写. —北京：知识产权出版社，2019.8
ISBN 978-7-5130-6341-8

Ⅰ.①C… Ⅱ.①中… Ⅲ.①专利分类法—案例—汇编 Ⅳ.①G255.53

中国版本图书馆 CIP 数据核字（2019）第 126069 号

内容提要

本书选取不同领域的案例，对其 CPC 分类过程进行分析，以期通过这些案例使分类审查员或实质审查员了解、熟悉该领域 CPC 分类的特点，并提示相关人员在分类和检索过程中应当注意 CPC 分类与 IPC 分类的异同之处。

责任编辑：王祝兰	责任校对：王　岩
封面设计：麒麟轩设计	责任印制：孙婷婷
执行编辑：崔思琪	

CPC 分类案例汇编
CPC FENLEI ANLI HUIBIAN

中国专利技术开发公司　组织编写

王文晶　王　雪　主编

出版发行：	知识产权出版社有限责任公司	网　　址：	http://www.ipph.cn
社　　址：	北京市海淀区气象路 50 号院	邮　　编：	100081
责编电话：	010-82000860 转 8555	责编邮箱：	525041347@qq.com
发行电话：	010-82000860 转 8101/8102	发行传真：	010-82000893/82005070/82000270
印　　刷：	北京建宏印刷有限公司	经　　销：	各大网上书店、新华书店及相关专业书店
开　　本：	787mm×1092mm　1/16	印　　张：	6.5
版　　次：	2019 年 8 月第 1 版	印　　次：	2019 年 8 月第 1 次印刷
字　　数：	140 千字	定　　价：	35.00 元

ISBN 978-7-5130-6341-8

出版权专有　侵权必究
如有印装质量问题，本社负责调换。

前　言

2010年10月25日，欧洲专利局（EPO）和美国专利商标局（USPTO）发布声明，宣布共同开发建立一个新的"联合专利分类体系"（Cooperative Patent Classification，CPC）。CPC按照世界知识产权组织（WIPO）分类标准和IPC结构进行开发，以欧洲分类体系（ECLA）为基础，并融入美国分类体系（UC），比原有的ECLA和UC分类体系更为详细和准确。

2013年6月，EPO和国家知识产权局（以下简称"国知局"）签订谅解备忘录，将CPC作为国知局内部使用的分类和检索工具。

随着中欧两局CPC分类合作项目的推进，国知局已于2014年开展了43个试点领域新公开发明专利CPC分类工作，2015年在73个试点领域开展了新公开和新受理发明专利CPC分类工作，并于2016年在全部技术领域对新受理的发明专利进行CPC分类。为使国知局的分类审查员更深入地了解、掌握CPC，中国专利技术开发公司分类审查部编写了《CPC分类案例汇编》（以下简称《案例汇编》）。本《案例汇编》是在国知局分类审查员赴欧洲专利局审查员CPC分类实习的基础上，经过国知局分类审查员对CPC的不断深入学习和实践编写而成。编写时主要的参考依据是《IPC使用指南》、《CPC指南》（Guide to the CPC）、CPC分类表、CPC分类定义，并特别结合了赴EPO培训人员的学习经验和分类实践体会。

CPC与国际专利分类（International Patent Classification，IPC）既有密切联系又有其独特之处，其分类表的结构和组成、分类的方法、原则和规则与IPC绝大部分相同，而其分类条目比IPC设置得更加精细，分类实践中的方法、规则和原则也更灵活，进而导致同一技术主题的分类结果与IPC存在或大或小的差异。本《案例汇编》均以2018.02版CPC分类表进行分类号标引，选取不同领域的案例，对其CPC分类过程进行分析，以期通过这些案例使分类审查员或实质审查员了解、熟悉该领域CPC分类的特点，并提示相关人员在分类和检索过程中应当注意CPC分类与IPC分类的异同之处。

编者水平有限，案例分析中难免有理解不当和疏漏之处，敬请指正。

目　录

案例 1　牛棚的围栏（A01K） …………………………………………………… 吴　丹/1
案例 2　手术紧固件施加装置（A61B） …………………………………………… 马　磊/6
案例 3　一种预镀层钛合金与铝合金电弧熔钎焊方法（B23K） ………………… 高　薪/10
案例 4　用于制造多个涡轮部件的方法和装置（B23Q） ………………………… 魏可臻/13
案例 5　基于后视镜盒子的双屏驾车提示系统及方法（B60R） ………………… 刘　军/19
案例 6　瓶盖（B65D） ……………………………………………………………… 刘德红/24
案例 7　干衣机（D06F） …………………………………………………………… 谢改军/30
案例 8　一种海底管线浮球式柔性冲刷防护装置（F16L） ……………………… 高海燕/36
案例 9　供气装置和用于在供气装置中净化气体的方法（F24F） ……………… 白丛生/40
案例 10　经由评估蛋白质片段检测并展示毛发损伤的系统和方法（G01N） … 胡亚杰/45
案例 11　面内切换电泳彩色显示器（G02F） …………………………………… 张云英/50
案例 12　用于服务自动化工厂中的现场设备的系统和方法（G05B） ………… 王鑫磊/56
案例 13　用自适应和重定目标进行视频字幕重新覆盖的系统和
　　　　　方法（G06T） ………………………………………………………… 郑　亮/60
案例 14　用于跌倒检测及报警的方法和装置（G08B） ………………………… 董　谦/65
案例 15　基板清洗方法、基板清洗装置以及真空处理装置（H01L） ………… 宁永怀/68
案例 16　在网络中执行 DNS 解析的方法、内容分发系统和相应的
　　　　　客户端终端（H04L） …………………………………………………… 刘京涛/74
案例 17　传输码流 TS 的安全传输方法和装置（H04N） ……………………… 李　玲/77
案例 18　5－溴－2－（α－羟基戊基）苯甲酸钠盐的不同晶型及其
　　　　　制备方法（C07C） ……………………………………………………… 路绪红/81
案例 19　一种 Exendin－4 及其类似物融合蛋白（C07K） …………………… 肖英华/86
案例 20　用于生产聚氨酯的方法（C08G） ……………………………………… 马　成/90

案例 1　牛棚的围栏（A01K）

吴　丹

一、专利文献（根据 CN202857481U 分类）

CN202857481U
EP2534943A1
FR1155173A

二、技术公开的内容提要

（一）现有技术

美国专利 US5218925A 公开了一种牛栏，这种牛栏能够在牛棚周围滑动。当牛进入之后，牛栏沿牛棚滑动，牛被限制在围栏和牛棚之间慢慢走动。

欧洲专利 EP1138196A 提出了围栏上带门的技术方案，门两侧之间的连杆使得门在关闭时所余留的高度低于牛需要的可通过高度。这一方法将围栏连成整体，并将牛棚连接起来，便于搬运。

（二）技术问题

美国专利 US5218925A 公开的牛栏的围栏没有门，需要转换才能让牛进入或出来。

欧洲专利 EP1138196A 公开的牛栏在门的底部设置了连杆，从而增加了绊倒小牛甚至人的风险；连杆的高度通常是高于地面 10~20 厘米。这样的方形牛栏容易变形为平行四边形牛栏，增加了处理的困难，除非采用很重、很紧的围栏。

（三）技术方案

如图 1-1 所示，牛棚 2 的围栏 1，包括两个侧墙 3、一个离开牛棚 2 最远位置的前墙 5，所述的前墙 5 设有一个门 7，其特征在于：所述的连接装置通过两端的安装点与所述的侧墙 3 连接，以保持两侧侧墙的间距；所述的连接装置设置在围栏 1 内的远离所述的前墙 5 的内侧，以避免妨碍牛或人通过所述的门 7。

（四）技术效果

围栏上的门畅通，牛进入门之后不会被连杆绊倒；连杆水平放在地面，不会干扰人或牛的行走。同时，围栏被连杆和端板保持在一个预设的形状。不必将门拆下安装在牛棚出口，连杆可防止牛离开牛棚。连杆具有接插连接装置，方便安装。

（五）必要的附图（见图1-1）

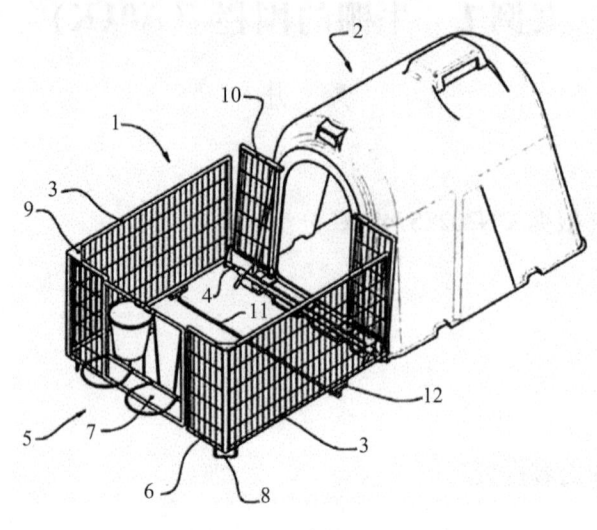

图1-1 牛棚的围栏

三、确定待分类的技术主题

（一）涉及发明信息的技术主题

I1：具有特定连接装置的牛棚围栏。

（二）涉及附加信息的技术主题

无。

四、选择可能涉及的分类位置

针对涉及发明信息的技术主题I1，在检索系统中使用关键词进行快速粗略检索，可能涉及的分类位置为A01K 1/00。

A01K 1/00		动物的房舍；所用设备（建筑结构、建筑特点入E04；建筑通风入F24F）
A01K 1/0005	·	{固定隔板（扣紧动物的设备入A01K 1/06；牧场围栏入A01K 3/00）}
A01K 1/0011	··	{室内隔板}
A01K 1/0017	··	{门，通道}
A01K 1/0023	···	{分类门}

续表

A01K 1/0029	...	{拥挤式大门或栅栏}
A01K 1/0035	·	{可运输或移动的动物掩蔽所}
A01K 1/0041	·	{可旋转的、球形的或可循环的动物畜舍}
	……	
A01K 1/0088	·	{动物掩蔽所,专用于饲养幼畜即牛犊的}
A01K 1/0094	·	{动物掩蔽所或畜舍,特别是适合饲养马}
	……	
A01K 1/02	·	猪舍;狗窝;兔箱等
A01K 1/0209	··	{猪或牛的牲畜饲养栏}
A01K 1/0218	··	{产小猪的或断奶的箱}
A01K 1/0227	··	{小猪的层架式笼}
A01K 1/0236	··	{动物的运输箱、盒或篮子;其装置(家禽的入 A01K 31/002;鸽子的入 A01K 31/07)}
A01K 1/0245	···	{箱或笼}
A01K 1/0254	···	{袋子或篮子}
A01K 1/0263	···	{马具}
A01K 1/0272	···	{专用于在汽车里或汽车上运输的箱、袋子、笼、篮子、马具}
A01K 1/0281	···	{专用于在自行车或摩托车里或车上运输的箱、袋子、笼、篮子、马具}
A01K 1/029	···	{专用于人身体运输动物的箱、袋子、笼、篮子、马具(婴儿车入 A47D 13/02)}
A01K 1/03	··	家畜或实验用动物的房舍
A01K 1/031	···	{实验用动物的笼,测量动物新陈代谢的笼}
A01K 1/032	···	{兔箱或笼}
A01K 1/033	···	{猫或狗的房舍}
A01K 1/034	····	{狗窝}
	……	

五、分析并选择分类号

该发明涉及一种牛栏。从背景技术来看,该发明尤其适用于照顾刚出生后的牛犊,为避免牛犊感染疾病,将其跟别的牛隔离开来;另外还可以照顾牛的情绪,让牛走出牛棚看到其他的牛。

通过浏览 A01K 1/00 及其细分小组的类名,可以看到涉及动物房舍的有以下位置:

A01K 1/00		动物的房舍；所用设备（建筑结构、建筑特点入E04；建筑通风入F24F）
A01K 1/0088	·	{动物掩蔽所，专用于饲养幼畜即牛犊的}
A01K 1/0094	·	{动物掩蔽所或畜舍，特别是适合饲养马}
A01K 1/02	·	猪舍；狗窝；兔箱等
A01K 1/0209	··	{猪或牛的牲畜饲养栏}
A01K 1/0218	··	{产小猪的或断奶的箱}
A01K 1/0236	··	{动物的运输箱、盒或篮子；其装置（家禽的入A01K 31/002；鸽子的入A01K 31/07）}
A01K 1/03	··	家畜或实验用动物的房舍

通过对该发明技术主题的分析，结合以上分类位置的类名，可以初步排除A01K 1/0094、A01K 1/0218和A01K 1/0236。另外，依据A01K小类的分类定义，分析各个分类位置所包含的技术主题如下。

A01K 1/00包括固定建筑物及其结构元件、除宠物以外动物的掩蔽所、移动式的掩蔽所和畜舍以及野生动物房舍和独居生活野生动物的栖息地避难所；

A01K 1/0088包括专门适用于饲养牛犊的动物遮蔽所；

A01K 1/02包括产小猪的栏或附件、猪或羊的掩蔽所、小牛用盒、猪用（层架式）笼以及猪的运输笼；

A01K 1/0209包括保证单只动物未受打扰饲喂或饮水的分娩动物用类似盒子；

A01K 1/03包括用于实验室动物、兔子、毛皮动物等的（层架式）笼，以及用于狐狸等动物的人工洞穴。

该发明中牛棚的围栏包括两侧侧墙和前墙，前墙上开有门，连接装置通过两端的安装点与所述的侧墙连接，连接装置设置在围栏内的远离所述的前墙的内侧，以避免妨碍牛或人通过所述的门。这样，两块前面板之间的距离被有效地保持，从而门的过道被完全专用于人或牛的进出。当需要清理围栏的地面时，最方便的做法是将围栏收起来以腾出地面、便于工作。此时，可以将牛赶进牛棚，便于将围栏收起。

从整体上看，发明信息的技术主题既包括牛棚，也包括跟牛棚连接的围栏装置，可以将其整体分入A01K 1/00。另外，分类位置A01K 1/0088包括专门适用于饲养牛犊的动物遮蔽所，也可以作为发明信息分类号给出。A01K 1/02特指小型的饲养牲畜的房舍，并且在分类定义中特别指出了包括养小牛用的箱子，符合该发明的牛棚的作用，也可以作为发明信息分类号给出。A01K 1/0209包括牲畜饲养栏这一类技术主题，但是分类定义中将其限定在分娩动物用的盒子，因此该分类位置不合适。此外，A01K 1/03是指用于实验室动物用的笼，不能包括该发明的技术主题。

在EPODOC数据库中检索该案发现，EPO的分类人员还给出了A01K 1/0218（产小猪的或断奶的箱）和A01K 1/0035（可运输或移动的动物掩蔽所）这两个分类位置。结合A01K小类的分类定义及其附图分析，A01K 1/0218是特指用于生产幼畜或者断奶用的笼子，其可以包括加热设备，以及防止母猪挤压小猪的设备，与发明信息的技术主题不相符。A01K 1/0035 一般是临时且可移动的掩蔽所，该发明是一种固定装置，不符合该类名所包含的技术主题范围。因此，不必给出这两个分类号。

六、确定完整的分类号

CCI：A01K 1/00
　　　A01K 1/0088
　　　A01K 1/02

七、CPC 分类启示

（1）基于有利于检索的原则，分类人员会尽可能给出涉及发明信息的分类位置。本案中，针对一个发明信息的技术主题给出了三个相关的分类位置，这些分类位置可能存在着技术上的交叉覆盖，彼此之间也没有清晰和明确的界限，可见，在 CPC 分类中，分类人员以不遗漏发明信息作为主要目标，可以将跟技术主题相关的分类位置都给出。

（2）对于 A01K 各分类位置，EPO 的分类人员并不会仅仅根据动物种类区分，而是根据装置的结构和原理给出相关分类位置，例如：A01K 31/00 是专门用于禽类的养殖设备，如果养殖别的动物的设备有与该位置类似的结构，则也会给到这个分类位置。

（3）在分类实践中，分类人员要充分结合分类定义理解分类位置所包含的技术主题范围，给出合适的分类号。

案例 2 手术紧固件施加装置（A61B）

马 磊

一、专利文献（根据 CN102860851A 分类）

CN102860851A
EP2532312A2
US2012312861A1

二、技术公开的内容提要

（一）现有技术

手术紧固件施加装置通常包括两个细长梁构件，所述两个细长梁构件用于在其间捕获或夹紧组织。通常，一个梁构件承载一次性钉仓组件，所述一次性钉仓组件容纳布置为至少两个横排的多个吻合钉，而另一个梁构件包括砧座，所述砧座限定有用于在从钉仓组件中驱出吻合钉时成形吻合钉钉腿的表面。如果使用两件式紧固件，则包括砧座的梁构件承载两件式紧固件的配合件，例如容纳件。通常，吻合钉成形过程会受到一个或多个纵向运动的凸轮构件和一系列单独的吻合钉推进器之间相互作用的影响。当凸轮构件沿纵向行进通过钉仓承载梁构件时，各单独的推进器构件向上偏置到支撑在钉仓组件内的吻合钉的后跨部，以从钉仓中按顺序弹出吻合钉。可以设置在吻合钉排之间与凸轮构件一起行进的刀具，以切割各排成形吻合钉之间的组织。

（二）技术问题

现有紧固件施加器，存在与灭菌不适当关联的危险。手术紧固件施加装置通常是使用后可丢弃的，虽然可以更换钉仓组件以对单一患者执行多次紧固件施加操作，但是紧固件施加装置通常在已经完成手术操作后被丢弃。该用后即丢弃的要求会增加与手术操作关联的成本。尽管已经开发出可重复使用的紧固件施加装置，但是此类装置会过度复杂并且被证实是难以灭菌的。

（三）技术方案

如图 2-1 所示，用于将手术紧固件施加到组织的手术紧固件施加装置，包括砧座半部，砧座半部包括远侧砧座部和近侧手柄部。钉仓容纳半部限定有具有远侧部和近侧部的细长通道构件，所述远侧部被定尺寸为可释放地容纳一次性使用装载单元，而所述近侧部构造为支撑发射组件。夹紧操作杆装至所述钉仓容纳半部，包括近侧部、远侧部和支撑接合构件的手柄部。发射组件构造为可释放地支撑在所述钉仓容纳半部的近侧部内。所述发射组件包括静止外壳、发射操作杆、固定地装至所述发射操作杆的凸轮杆和具有闩锁部的枢转锁定构件。所述夹紧操作杆与所述砧座半部和所述钉仓容纳半部可操作地关联，并且能够从松开位置运动到夹紧位置，从而将所述砧座半部的砧座部可释放地装成紧邻所述一次性使用装载单元。在夹紧位置，所述夹紧操作杆的接合构件可释放地接合所述锁定构件的闩锁部，以使所述夹紧操作杆可释放地保持在夹紧位置。

（四）技术效果

该装置具有可重复使用部分并且可以被彻底消毒灭菌。

（五）必要的附图（见图 2-1）

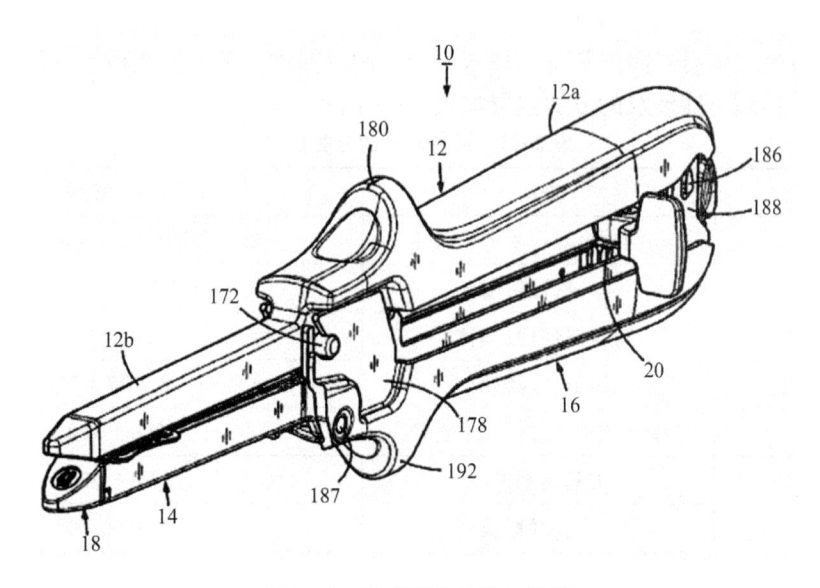

图 2-1 手术紧固件施加装置

三、确定待分类的技术主题

（一）涉及发明信息的技术主题

I1：手术紧固件施加装置，包括砧座半部、钉仓容纳半部、夹紧操作杆以及发射组件，夹紧操作杆与所述砧座半部和所述钉仓容纳半部可操作地关联，并且能够从松开位置运动到夹紧位置，从而将所述砧座半部的砧座部可释放地装成紧邻所述一次性使用装载单元。

I2：具有一次性使用的装载单元或钉仓的手术紧固件施加装置。

I3：具有可消毒、灭菌的重复使用部分的手术紧固件施加装置。

（二） 涉及附加信息的技术主题

A1：钉仓容纳半部限定有细长通道构件，细长通道构件限定有大致 U 形的通道，通道具有远侧部和近侧部，远侧部被定尺寸为可释放地容纳一次性使用装载单元，而近侧部 24b 被定尺寸为可释放地容纳发射组件；

A2：安全闭锁包括近侧钩，近侧钩定位成当刀具处于缩回位置时，容纳形成在刀具上的接合构件以使安全闭锁保持在锁定方位；

A3：刀具致动杆的远端与刀具接合，刀具在预设延迟后被推进通过一次性使用装载单元以在吻合钉行之间切割组织；

A4：发射操作杆沿图中箭头"A"指示的方向朝向远侧推进。

四、选择可能涉及的分类位置

针对涉及发明信息及附加信息的技术主题，通过阅读分类表并在检索系统中使用关键词进行检索，得到可能涉及的分类位置如表 2-1 所示。

表 2-1　可能涉及的分类位置

技术主题	查询	CPC 分类位置
I1	切割吻合器；手术紧固件	A61B 17/068、A61B 17/072
I2	一次性使用	A61B 2017/0023
I3	可重复使用；消毒	A61B 90/00
A1	以钉仓为特征	A61B 2017/07271
A2	安全闭锁装置；锁紧装置	A61B 17/28
A3	刀具切割组织	A61B 17/32
A4	设备的标识	A61B 90/00

五、分析并选择分类号

I1：通过检索、阅读说明书及附图，该发明的吻合器为线状吻合器，涉及的分类位置为 A61B 17/072，在 CPC 分类表中可以将其细分入 A61B 17/07207（连续施加固定钉）。

I2、I3：部分元件可以消毒后再利用，其在分类表中相关的位置涉及 A61B 2017/0023（一次性使用的）和 A61B 2090/0813（附件设计为简便消毒的，即可重复使用的）；由于上述两个分类位置为细分的 2000 系列引得码，只能将其作为附加信息的分类号给出；虽然"一次性使用和消毒后多次使用"作为发明信息提取，但是由于 CPC 分类位置设置的原因，只能给出 2000 系列的引得码，但其代表的是发明信息。

A1：钉仓为吻合器的基本元件之一，说明书中对其有比较重要的描述，出于利于检索的目的，将以钉仓为特征作为附加信息给出 A61B 2017/07271（以其钉仓为特征）；如果没有进行详细的描述，则可以不给出该分类位置。

A2：安全闭锁装置可分类入 A61B 2017/2837（具有锁定棘轮）。

A3：组织切割的刀具的引导可分类入 A61B 2017/320052（用于切割器械的引导）；切割组织的刀具是切割吻合器的基本部件之一，在 EPO 的分类人员的分类习惯中，如果对切割装置、引导装置进行了较详细的描述，可以根据描述的内容将其作为附加信息给出。

A4：设备标识的分类位置为：A61B 2090/0807（其他位置不包括的附件或特征，例如指示装置，包括指示破损、污染、部件的正确组装等）；在本领域的分类过程中，通过阅读说明书附图能够发现对检索有用的信息，此时也可以直接给出相关的分类位置；例如本案的标识 A，其他还包括防止二次利用的标识、避免误操作误触发的标识、指示器械操作方向的标识等。

六、确定完整的分类号

CCI：A61B 17/07207
CCA：A61B 2017/0023
　　　A61B 2017/07271
　　　A61B 2017/2837
　　　A61B 2017/320052
　　　A61B 2090/0813
　　　A61B 2090/0807

七、CPC 分类启示

（1）提取待分类的技术主题时，应当从说明书全文中确定。除了通过阅读技术领域、背景技术、技术问题和技术方案以确定发明的技术主题外，还应关注附图，这是快速找到相应技术信息的重要途径。例如，该发明的附图中重点体现了其标识装置，所述标识装置指示了操作的方向时，就可以根据此信息给出相关分类位置。

（2）发明信息和附加信息并不会因为分类表是否设置相应的分类位置而改变。首先确定待分类的技术主题，然后再根据分类表设置的分类位置选择最恰当的分类号。某些情况下，2000 系列引得码能够很好地体现发明信息的技术主题，依据 CPC 的规定，2000 系列引得码不能作为发明信息 CCI 给出，只能作为附加信息 CCA 给出，在这种情形下，给出的 2000 系列引得码代表的是专利文献中发明信息的技术主题。

（3）需要说明的是，由于从专利文献中提取的技术信息、对分类位置范围的理解等原因，不同专利局的分类人员对同一专利文献给出的分类号并不完全相同。例如该发明中 EPO 的分类人员给出的分类号中包括了 A61B 2017/00473（远端部分，如尖或头部）。而国知局的分类人员在对该发明进行分类时，考虑到说明书中并没有明确描述吻合器头部的技术特征，故在分类时没有给出该分类位置。

案例3　一种预镀层钛合金与铝合金电弧熔钎焊方法（B23K）

高　薪

一、专利文献

CN103143803A

二、技术公开的内容提要

（一）现有技术

现有钛合金板和铝合金板电弧熔钎焊单纯地通过改变热输入和填充材料等方式仍然不能很好地控制界面金属间化合物的生长，过厚的反应层影响了接头的性能，同时液态 Al 在 Ti 板表面润湿性差，导致在添加铝合金焊丝过程中焊度缓慢。

（二）技术方案

一种预镀层钛合金板与铝合金板电弧熔钎焊方法，步骤如下：

（1）对钛合金板与铝合金板进行表面清理，并在焊接位置加工出45°坡口；

（2）将铝合金钎剂溶于丙酮形成悬浊液，均匀涂刷在钛板浸镀位置的正反面，形成钎剂层；

（3）将涂有钎剂的钛合金板浸入到温度为750~800℃、熔融状态的纯铝或者铝合金中，保持恒温1~3min，然后以匀速2cm/s速度拔出钛板，实现热浸镀；

（4）将涂覆于钛合金板表面的铝合金层进行打磨，打磨后的铝合金层厚度均匀、平滑；

（5）将浸镀过后的钛合金板与铝合金板待焊部位对接形式固定在焊接操作台上，坡口对接间距2mm，电弧高度固定在5mm，成形槽宽4mm、深3mm，钨极置于钛合金钝边，焊接电流70~110A，焊接速度1~2mm/s，采用铝合金焊丝填充，成形槽内通氩气保护，即完成焊接。

（三）技术效果

如图3-1所示，该发明通过在钛合金板表面浸镀铝合金，再通过电弧熔钎焊的方法将钛合金板与铝合金板焊接，浸镀和焊接两个过程控制金属间化合物生长，提高接头的机械性能，连接可靠未发生断裂，能够进一步满足工程上对钛合金与铝合金复合结构的各种需要。

(四) 必要的附图 (见图 3-1)

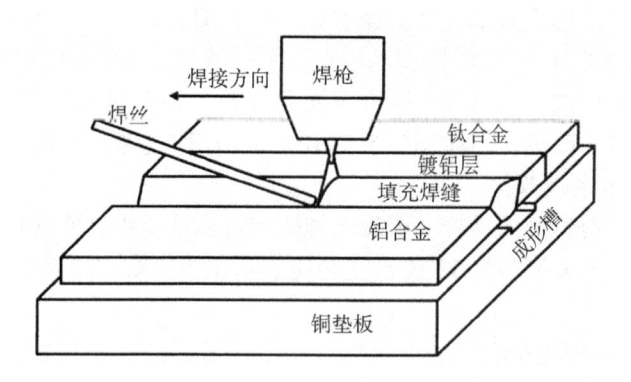

图 3-1 预镀层钛合金板和铝合金板焊接操作示意图

三、确定待分类的技术主题

(一) 涉及发明信息的技术主题

I1：钛合金板与铝合金板电弧熔钎焊方法。
I2：在钛合金板表面浸镀铝合金。

(二) 涉及附加信息的技术主题

A1：电弧熔钎焊的焊接制品、焊接材料方面。

四、选择可能涉及的分类位置

针对涉及发明信息和附件信息的技术主题进行快速粗略检索，可能涉及的分类位置为：B23K（钎焊或脱焊；焊接；用钎焊或焊接方法包覆或镀敷；局部加热切割，如火焰切割；用激光束加工）。

五、分析并选择分类号

1. 发明信息技术主题 I1

电弧熔钎焊是一种以电弧作为加热源的钎焊方式，B23K 小类 CPC 分类定义中对电弧钎焊特殊规定如下：

弧钎焊或硬钎焊分在 B23K 9/16（使用保护气体的电弧焊）和 B23K 1/00（钎焊，如硬钎焊或脱焊）；

MIG（金属惰性气体焊接）弧钎焊或硬钎焊分在 B23K 9/173（使用熔化电极的电弧

焊）和 B23K 1/00；

TIG（钨惰性气体焊接）弧钎焊或硬钎焊分在 B23K 9/167（使用不熔化电极的电弧焊）和 B23K 1/00。

由于该发明焊接采用钨极氩气保护保护焊，属于 TIG 焊接形式，因此，依据该特殊规定，该发明的发明信息 I1 的技术主题应该同时分入 B23K 9/167 和 B23K 1/00。

同时，现有技术中液态 Al 在 Ti 板表面润湿性差，该发明的发明信息 I1 针对 Al、Ti 这一材料性质，提出了改进，因此还应当给出 B23K 1/19（考虑到被钎焊的材料性质的）。

2. 发明信息技术主题 I2

该发明采用将涂有钎剂的钛合金板浸入纯铝或者铝合金中，实现热浸镀，属于对工件钎焊区的预处理，因此发明信息 I2 技术主题应当给出 B23K 1/20（工件或钎焊区的预处理，如电镀）。

3. 附加信息技术主题 A1

CPC 分类表中设置了针对焊接产品以及焊接材料的 2000 系列引得码，由于该发明涉及钛合金材料板、铝合金材料板的钎焊，因此附加信息 A1 应当给出：B23K 2201/185（拼焊板）、B23K 2203/18（异种材料）、B23K 2203/10（铝或其合金）、B23K 2203/14（钛或其合金）。

六、确定完整的分类号

CCI：B23K 1/00
　　　B23K 1/20
　　　B23K 1/19
　　　B23K 9/167
CCA：B23K 2201/185
　　　B23K 2203/18
　　　B23K 2203/10
　　　B23K 2203/14

七、CPC 分类启示

（1）电弧钎焊是一种以电弧作为加热源的特殊钎焊方式，实质上是钎焊。在 IPC 分类中，由于没有特殊规定，电弧钎焊只给出 B23K 1/00 钎焊的分类位置，但是 CPC 分类中基于电弧钎焊与电弧焊均采用电弧作为加热源，同时分入钎焊和电弧焊能够体现出电弧加热这一特征，因此在 CPC 分类定义中，特别规定将弧钎焊或硬钎焊分在 B23K 9/16 和 B23K 1/00。因此，针对电弧钎焊这类技术主题分类时应注意 CPC 与 IPC 分类方法的不同。

（2）在 IPC 分类中，B23K 设置了与 B23K 1/00～B23K 31/00 联合使用的引得表，B23K 101/00 涉及钎焊、焊接或切割制成的制品，B23K 103/00 涉及钎焊、焊接或切割的材料。在 CPC 分类中，只是对原 IPC 的引得表进行了类号的转化，因此，在 CPC 分类时，同样应给出相应的转化后的 2000 系列引得码。

案例 4　用于制造多个涡轮部件的方法和装置（B23Q）

魏可臻

一、专利文献（根据 CN101298125A 分类）

CN101298125A
EP1987915A
US8025278B

二、技术公开的内容提要

（一）现有技术

在已知的涡轮发动机中，有时需要形成穿过涡轮的一部分延伸的开口。为了水平地钻孔，首先必须将钻孔组件相对于凸缘固定到位。在一种已知的用于在外壳凸缘中形成孔的制造方法中，必须使用几个具有不同尺寸和构造的安装夹具来完成一项钻孔工作。因此，必须制造只有该涡轮才有的几个安装夹具。这种需求提高了孔制造过程的成本和时间。此外，已知的夹具典型地由固体钢制成，较笨拙而难以来回移动。

（二）技术方案

如图 4-1 所示，一种与多个涡轮部件 12、14 一起使用的安装夹具 10，安装夹具包括：板 100，其包括在其中限定的多个孔 106，所述板可拆卸地联接在工具 38 上；至少一个接头片 200，其包括在其中限定的多个孔 210；和至少一个紧固件 56，其构造成基于待制造的第一涡轮部件按某一定向将所述至少一个接头片可拆卸地联接到所述板上，所述紧固件还构造成使所述至少一个接头片能够基于待制造的第二涡轮部件而相对于所述板重新定向。

一种用于制造多个涡轮部件 12、14 的组件，所述组件包括：板 100，其包括在其中限定的多个孔 106，所述板可拆卸地联接在工具 38 上；和至少一个接头片 200，其包括在其中限定的多个孔 210，所述至少一个接头片可拆卸地联接在所述板上；其中，所述至少一个接头片可拆卸地联接在所述板上第一位置上，所述第一位置构造成将所述至少一个接头片可拆卸地联接到待制造的第一涡轮部件上；并且其中，所述至少一个接头片可拆卸地联接在所述板上第二位置上，所述第二位置构造成将所述至少一个接头片可拆卸地联接到待制造的第二涡轮部件上。

（三）技术效果

提供的一种通用安装夹具，其有助于在不需要多个安装夹具的条件下制造多个涡轮部件。接头片的构造适应于燃气涡轮发动机的多种螺栓尺寸。此外，因为接头片可由硬化钢形成，所以接头片可承受在加工操作期间所引起的应力。穿过安装板限定的孔的样式可使接头片易于定向，使得安装夹具实际上能够联接到涡轮部件的任何构造上。这种安装夹具可构造成能适应多种不同的涡轮尺寸和构造。此外，因为接头片和板都具有多个穿透其中而限定的孔，从而有助于降低安装夹具的重量，也有助于减少与运输费用。

（四）必要的附图（见图 4-1）

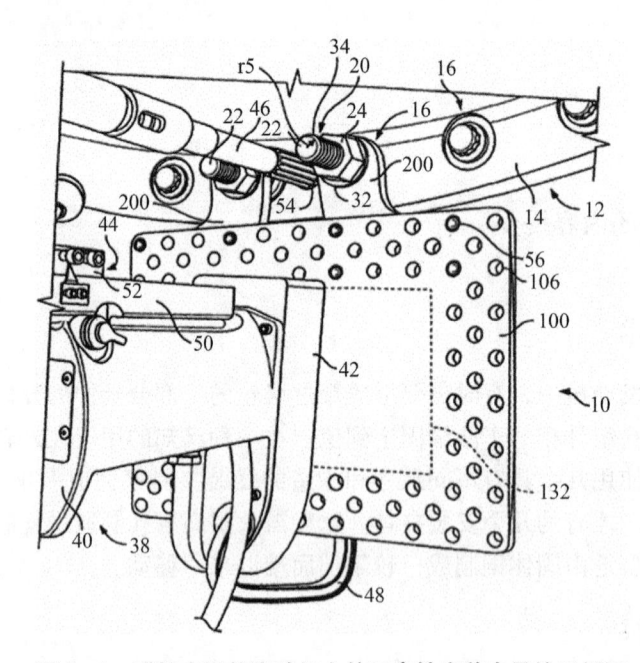

图 4-1 联接在涡轮发动机上的示意性安装夹具的正视图

三、确定待分类的技术主题

（一）涉及发明信息的技术主题

I1：与多个涡轮部件一起使用且包括板、接头片和紧固件的安装夹具。

（二）涉及附加信息的技术主题

无。

四、选择可能涉及的分类位置

针对涉及发明信息的技术主题 I1，在检索系统中进行快速粗略检索，发现可能涉及的分类位置如表 4-1 所示。

表 4-1 可能涉及的分类位置

技术主题	查询	分类位置
安装夹具	钻孔 * 夹具	B23B、B23Q

查阅 B23B 的 CPC 分类表，涉及的分类位置是 B23B 47/28（用于工件的钻模），该分类号指的是对工件钻孔时定位工件用的夹具，跟该发明的技术主题不相符。

查阅 B23Q 的 CPC 分类表，涉及的分类位置是 B23Q 3/06（工件夹紧装置），该分类号指的是在对工件进行切削加工时候，将工件夹紧在机床工作台上的夹具，跟该发明的技术主题也不相符。

查阅 B23Q 的 CPC 分类表，发现 B23Q 9/00（便携式金属加工机械设备的支承或导向装置）是支承便携工具的分类位置。

五、分析并选择分类号

（一）选择小类

可能涉及的小类是 B23Q。
B23Q 相关分类位置如下：

B23Q		机床的零件、部件或附件，如仿形装置或控制装置
B23Q 9/00		便携式金属加工机械设备的支承或导向装置（{用于修整车轮组而不从车辆上拿开的车床入 B23B 5/32}；用于管件开孔 {B23B 41/00、F16L 41/04}；专门适用于钻孔的入 {B23B 45/00、B25H 1/0021}）

B23Q 9/00 设置了信息性参见"专门适用于钻孔的入 {B23B45/00、B25H1/0021}"，所以钻孔的夹具的分类位置还可能是 B25H 1/0021。
B25H 相关分类位置如下：

B25H		车间设备，例如用于工件划线；车间储存设备
B25H 1/00		工作台；用于放置轻便工具或工件的轻便台座或支架，在台座或支架上操作工作
B25H 1/0021	·	{为放置便携工具或保证它们安全工作的台座、支承或导引装置（B23B 41/08 优先）}

分析 B23Q 9/00 和 B25H 1/0021：

B23Q 9/00 是金属切削加工时支承便携加工机械的装置，不限于任何类型的切削加工装置。

B25H 1/0021 是专门适用于钻孔装置的支承或导向装置。

B23Q 9/00 是关于加工机械的支承或导向装置的一种功能分类位置，而 B25H 1/0021 是关于支承或导向装置的一种应用分类位置（专门适用于钻孔的装置）。B25H 1/0021 是 CPC 分类表中存在的分类号，IPC 分类表中并没有 B25H 1/0021 这个位置，但在 IPC 分类表中存在 B23B 45/14（·用于固定或引导钻孔装置的或者装置固定在工件上的装置）这个分类位置，其是便携式钻孔装置或手钻的支承或导向的分类位置，B23B 45/14 在 CPC 分类表中转入了 B25H 1/0021。

针对该发明的技术主题，其说明书中指出，虽然以钻孔装置为例，但不限于钻孔装置，还可应用于放电加工工具、激光工具、研磨工具、电化学加工工具、铰孔工具和/或切削工具等，因此，该文献的发明信息技术主题可以分类入相对功能的分类位置 B23Q 9/00。

同时，该发明的说明书中以钻孔装置为例，该安装夹具可以将钻孔装置固定在涡轮机部件上，参考 B23Q 9/00 后面的"参见"，为便于技术主题的检索，该文献也可以给出 B25H 1/0021 的分类号。

（二）选择组

查阅 B23Q 9/00 的 CPC 分类表，其相关分类位置如下：

B23Q 9/00		便携式金属加工机械设备的支承或导向装置（{用于修整车轮组而不从车辆上拿开的车床入 B23B 5/32}；用于管件开孔 {B23B 41/00、F16L 41/04}；专门适用于钻孔的入 {B23B 45/00、B25H 1/0021}）
B23Q 9/0007	·	{用于在工件上导向或支承的便携机械}
B23Q 9/0014	·	{在工件工作时有或与导向或支承件共同作用的便携机械}
B23Q 9/0021	··	{刀具是在圆轨迹导向的}
B23Q 9/0028	··	{导向件仅是安装在机床上的}
B23Q 9/0035	···	{并且刀具在圆轨迹可导向的}
B23Q 9/0042	··	{导向件仅是安装在工件上}
B23Q 9/005	···	{角度可调整的}
B23Q 9/0057	···	{并且刀具在圆轨迹可导向的}
B23Q 9/0064	·	{工件工作时便携机械与导向装置共同运转并无支承的}
B23Q 9/0071	··	{导向件是安装在机床上}
B23Q 9/0078	··	{导向件是安装到支承上的}
B23Q 9/0085	···	{角度可调整的}
B23Q 9/0092	···	{工件角度相对于支承是可调整的}
B23Q 9/02	·	用于将机械或设备固定在特殊形状的工件或其他部件上，如固定在特殊截面的梁上

案例4　用于制造多个涡轮部件的方法和装置（B23Q）

该安装夹具支承在涡轮机部件上，浏览 B23Q 9/00 下面的点组，B23Q 9/0042 符合该发明的技术主题，B23Q 9/0042 下面还有一个细分点组 B23Q 9/005。从说明书第 113 段可以看出，该安装夹具联接在钻孔组件 38 上，使用夹钳 48 将钻孔组件 38 固定在安装夹具 10 上，底座 40 包括轨道组件 44；轨道组件 44 包括底座轨道 50 和钻头轨道 52；底座轨道 50 与钻头轨道 52 互连，使得通过使钻头轨道 52 相对于底座轨道 50 移动可改变钻头 46 相对于凸缘 14 的相对位置。所以该夹具可以调整，可以分在 B23Q 9/005。

查阅 B23Q 的 2000 系列引得表，不能够给出合适的分类号。

查阅 B25H 1/0021 的 CPC 分类表，相关分类位置如下：

B25H 1/0021	·	{为放置便携工具或保证它们安全工作的台座、支承或导引装置（B23B 41/08 优先）}
B25H 1/0028	··	{工具平衡器}
B25H 1/0035	··	{可扩展的支承，如可伸缩的}
B25H 1/0042	··	{台座（B25H1/0071 优先）}
B25H 1/005	···	{工作台的附属物}
B25H 1/0057	··	{保证手动工具安全工作的装置}
B25H 1/0064	··	{附属于工件的台座}
B25H 1/0071	···	{用磁装置}
B25H 1/0078	··	{手动工具的导引装置}
B25H 1/0085	···	{用水平仪装置}
B25H 1/0092	···	{用光学装置}

针对该发明的技术主题，B25H 1/0021 下面不能给出更合适的细分位置。

CPC 分类表中 B25H 没有 2000 系列。

六、确定完整的分类号

CCI：B23Q 9/005
　　　B25H 1/0021

七、CPC 分类启示

（1）注意 CPC 分类表中新增的补充参见

CPC 分类表新增的补充参见在分类时可能起到限定范围或指引相关分类位置的作用。该发明针对在加工时支承涡轮机部件的安装夹具，在 B23Q 9/00 后面的补充参见中指出"钻孔装置的入 B25H 1/0021"，注意到 B25H 1/0021 这一分类位置，该技术主题给出了 B23Q 9/005 和 B25H 1/0021 两个 CPC 分类号。

（2）不同分类人员针对同一技术主题给出的 CPC 分类号不完全相同

一方面，国知局的分类员在对该发明进行分类时，考虑到实施例公开的"用于钻孔装置的支承装置"，其结构和功能也可应用到说明书中提及的"放电加工工具、激光工具、研磨工具、电化学加工工具、铰孔工具和/或切削工具等"，因此，国知局的分类员给出了相对功能的分类位置 B23Q 9/005；另一方面，由于该发明通篇以钻孔装置为例，为便于更全面、准确地检索技术主题，也给出了相对应用的应用分类位置 B25H 1/0021。

需要说明的是，针对该文献，EPO 的分类人员只给出了 B23Q 9/005，笔者猜测可能是由于 EPO 的分类人员认为该用于钻孔装置的支承装置这一技术主题不限于应用在钻孔装置上，也可应用于说明书中提及的其他加工工具上，并非专用于钻孔装置，因此仅给出了功能分类位置 B23Q 9/005。由此也可见对于同一技术主题是否专用于某一领域，或是功能性的技术主题，不同分类员的判断结果存在较大差异，进而会导致分类结果不同。

案例 5　基于后视镜盒子的双屏驾车提示系统及方法（B60R）

刘　军

一、专利文献

CN104477098A

二、技术公开的内容提要

（一）现有技术

现有的驾车提示只包含对路线的提示，驾驶员利用车机导航来规划路线，以免路线错误。采用导航时，驾驶员会根据导航提示获取对应的环境信息，如导航提示右转弯，则驾驶员会获取车身右侧的环境信息，驾驶员获取车身右侧环境信息时会忽略其他方向的环境信息，这样很容易出现车祸。这是因为在汽车行驶时，驾驶员是通过设置在前车门上的反光镜获取车身后方的环境信息，通过前方的挡风玻璃获取车身前方的环境信息，通过设置在前车门上的车窗获取车身左右的环境信息。这些信息的获取需要通过不同的方式，对驾驶员的协调能力要求较高。如果驾驶员忽略某一信息，则很可能引发车祸。

对于驾车提示，若包含对行驶环境的提示，则驾驶员通过单一方式即可获取所有行驶环境信息。例如通过对车身四周环境的全景显示，用户可直接获取车身四周的环境信息，而不用采用多种方式分别获取环境信息，从而有利于行车安全。然而，现有技术还没有导航及全景提示系统，因此驾驶员还不能直接快速地获取导航信息及行驶环境信息。

（二）技术方案

如图 5-1 所示，基于后视镜盒子的双屏驾车提示系统，包括：与后视镜盒子 105 通信连接、分别设置在车身前后左右的、用于对应采集车身前后左右环境图像的第一摄像头 101、第二摄像头 102、第三摄像头 103 及第四摄像头 104，上述摄像头均为红外摄像头；用于对获取的环境图像拼接生成环境全景图像的后视镜盒子 105，后视镜盒子 105 设置有一用于显示环境全景图像的显示屏；与后视镜盒子 105 连接、用于获取后视镜盒子 105 存储的导航信息并在车载显示屏显示导航信息的车载主机 106。

基于后视镜盒子 105 的双屏驾车提示方法，包括以下步骤：①分别在车身前后左右的第一摄像头 101、第二摄像头 102、第三摄像头 103 及第四摄像头 104 对应采集车身前后左右环境图像，并将获取的环境图像传输至与其通信连接的后视镜盒子 105；②后视镜盒子 105 对获取的环境图像拼接生成环境全景图像，并在后视镜盒子 105 显示屏显示环境全景图像；③车载主机106与后视镜盒子105连接，获取后视镜盒子105存储的导航信息并在车载显示屏显示导航信息。

（三）技术效果

基于后视镜盒子的双屏驾车提示系统及方法，该系统及方法通过双屏进行驾车提示，通过后视镜盒子显示屏显示环境全景图像，驾驶员可通过观看后视镜盒子显示屏获取行驶环境全景图像，方便快捷；通过车载主机显示屏显示导航图像，实现导航，确保行车路线正确，实现驾车双提示，在确保行车路线正确的同时，还确保行车安全。

（四）必要的附图（见图 5–1）

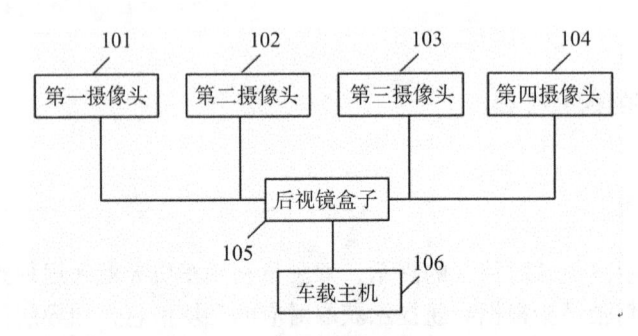

图 5–1　基于后视镜盒子的双屏驾车提示系统及方法

三、确定待分类的技术主题

（一）涉及发明信息的技术主题

I1：基于后视镜盒子的双屏驾车提示系统，包括：与后视镜盒子通信连接、分别设置在车身前后左右的、用于对应采集车身前后左右环境图像的第一摄像头、第二摄像头、第三摄像头及第四摄像头，上述摄像头均为红外摄像头；用于对获取的环境图像拼接生成环境全景图像的后视镜盒子，后视镜盒子设置有一用于显示环境全景图像的显示屏；与后视镜盒子连接、用于获取后视镜盒子存储的导航信息并在车载显示屏显示导航信息的车载主机。

I2：基于后视镜盒子的双屏驾车提示方法，包括以下步骤：①分别在车身前后左右的第一摄像头、第二摄像头、第三摄像头及第四摄像头对应采集车身前后左右环境图像，并将获取的环境图像传输至与其通信连接的后视镜盒子；②后视镜盒子对获取的环境图像拼接生成环境全景图像，并在后视镜盒子显示屏显示环境全景图像；③车载主机与后视镜盒子连接，获取后视镜盒子存储的导航信息并在车载显示屏显示导航信息。

（二）涉及附加信息的技术主题

A1：无。

四、选择可能涉及的分类位置

针对涉及发明信息的技术主题 I1、I2，分别在检索系统中进行快速粗略检索，可能涉及的分类位置如表 5-1 所示。

表 5-1　可能涉及的分类位置

技术主题	查询	分类位置
I1	后视镜、摄像头、图像、车载导航	B60R 1、B60R 11、H04N、G01C
I2	后视镜、摄像头、图像、车载导航	B60R 1、B60R 11、H04N、G01C

对于本案中涉及发明信息的技术主题 I2，分类表中不存在这种方法的位置。根据 IPC 分类指南第 96 段，当发明主题涉及处理方法时，如果分类表中不存在这样的位置，应分类在执行该方法的设备的分类位置。对于该发明的技术主题 I2，执行这种提示方法的设备即为技术主题 I1 所涉及的设备。

五、分析并选择分类号

（一）选择小类

根据可能涉及的分类位置 B60R 1、B60R 11、H04N 和 G01C，在小类 B60R、H04N 和 G01C 中进行选择。

涉及发明信息的技术主题 I1 是基于后视镜盒子的双屏驾驶提示系统，涉及驾驶员利用车辆上的摄像机和显示器的观察装置，B60R 小类类名是"不包含在其他类目中的车辆、车辆配件或车辆部件"，结合 B60R 的 CPC 分类定义，本领域技术人员可知该基于后视镜盒子的双屏驾驶提示系统是一种光学观察装置，符合 B60R 的小类类名和定义，因此选择小类 B60R。

H04N 的小类类名是"图像通信，例如电视"，其中有可能涉及本案发明信息的内容是图像通信。根据 H04N 小类的 CPC 分类定义，并且结合本案涉及发明信息的技术主题 I1 可知，该技术主题并不涉及图像通信技术本身的改进，在该技术主题之中，只是利用了现有的图像通信，所以不选择小类 H04N。

G01C 的小类类名是"测量距离、水位或者方位；勘测；导航；陀螺仪；摄影测量学或视频测量学"，其中有可能涉及本案发明信息的内容是导航和摄影测量。根据 G01C 小类的 CPC 分类定义并结合本案涉及发明信息的技术主题 I1 可知，该技术主题并不涉及导航本身的改进以及摄影测量学的内容，所以不选择小类 G01C。

（二）选择组

在检索系统中快速检索到大组 B60R 1/00 和 B60R 11/00，在 CPC 分类表中查阅这两个大组的类名。

B60R 1/00	光学观察装置（{家用镜子和观察装置入 A47G 1/00;} 防眩装置，例如用于挡风玻璃或窗的偏振效应的入 B60J 3/00；{用于牵引车辆的视觉辅助设备入 B62D 49/0614;} 装置本身入 G02B)
B60R 11/00	其他类目不包括的物品固定或安放装置

该发明的双屏驾驶提示系统实质上是一种光学观察装置，即驾驶员利用车辆上的摄像机和显示器来观察的装置，符合 B60R 1/00 大组的类名（光学观察装置）和分类定义规定的范围。B60R 1/00 的分类定义中说明本组包括：在光学观察装置使用显示器和摄像机的情况下，必须同时存在显示器和摄像装置，并为乘员显示实时图像。B60R 11/00 大组涉及其他类目不包括的物品固定或安放装置，其下位组 B60R 11/04 涉及摄像机在车辆上的安装固定，但是本案涉及发明信息的技术主题 I1 不包括摄像机在车辆上安装固定的内容，所以不选择 B60R 11/00 大组。

该发明涉及视频观察装置。通过查阅 B60R 1/00 大组下的小组位置，对于这种驾车提示系统可以给出 B60R 1/00（光学观察装置）；同时，根据 B60R 1/00 的 CPC 分类定义的规定，本组分类存在特殊分类规则，即"在分类使用专门适用于在车辆上使用的显示器和摄像机的观察装置时，B60R 1/00 之下存在进一步的引得码细分表 B60R 2300/00"。因此，对于本案涉及发明信息的技术主题 I1，"采用多个摄像机"分入 B60R 2300/105（使用多个摄像机的），"摄像头为红外摄像头"分入 B60R 2300/106（使用夜视摄像机的），"显示屏还可显示导航信息"分入 B60R 2300/207（使用多功能显示器的，例如摄像图像和导航或视频在同一显示器上），"对四个摄像头获取的环境图像拼接生成环境全景图像"分入 B60R 2300/303（使用结合图像的，例如多重摄像图像）。

另外，对于与后视镜结合的显示屏，可以给出 B60R 2001/1215（和信息显示装置组合）。该 CPC 分类号属于主干分类表中插入的 2000 系列引得码，按照 CPC 的规则不能作为发明信息（CCI）给出，只能标引在附加信息（CCA）中，同时还要给出其上位组的主干分类表的分类位置，即 B60R 1/12（与其他物品结合的光学观察装置的位置）。综上，对于本案涉及发明信息的技术主题 I1，给出 B60R 1/00 和 B60R 1/12。

最终给出的 CPC 分类号是：B60R 1/00、B60R 1/12、B60R 2001/1215、B60R 2300/105、B60R 2300/106、B60R 2300/207、B60R 2300/303。

六、确定完整的分类号

CCI： B60R 1/00
   B60R 1/12
CCA： B60R 2001/1215
   B60R 2300/105
   B60R 2300/106
   B60R 2300/207
   B60R 2300/303

七、CPC 分类启示

（1）在 CPC 分类过程中，要注意与 CPC 分类定义结合使用。一些特殊规则记录在 CPC 分类定义中，在 IPC 分类定义中并不存在，CPC 分类时要特别注意这些新增特殊分类规则的使用。

（2）对于细分的 2000 系列引得码，并不仅仅用来表达附加信息，有时发明信息能够很好地包含在细分 2000 系列引得码的类名范围中。当 2000 系列引得码表达发明信息时，不能直接作为 CCI 给出，而是应标引在表示附加信息的 CCA 中，一般还要给出该细分 2000 系列引得码的上位组的 CPC 主干分类号，这个 CPC 主干分类号标引在发明信息 CCI 中。

（3）对于垂直 2000 系列引得码，在 B60R 1/00 组的 CPC 分类定义中有特别规定。EPO 分类人员也强调，当发明技术主题涉及在车辆上使用包括显示器和摄像机的观察装置时，除给出 B60R 1/00 的主干分类号外，还需要结合引得码 B60R 2300 使用，该发明即属于这样的情形；而当发明技术主题只涉及 B60R 1/00 下位组的分类位置时，则不需要给出引得码 B60R 2300。

案例 6 瓶盖（B65D）

刘德红

一、专利文献（根据 CN103298705A 分类）

CN103298705A
EP2663506A
WO2012095501A
US2013270272A

二、技术公开的内容提要

（一）现有技术

EP0076778A1 涉及一种由塑料材料制成的封闭盖。其具有圆形的外密封唇，该外密封唇相对于其自由端具有连续减小的厚度。密封唇向内倾斜布置，在其最小直径处有圆形密封部分，在密封部分的下面密封唇以漏斗的方式向外加宽来容纳容器开口。由于密封唇的上述布置，其往往在应用过程中被扭曲，特别是在容器颈部上容易歪斜。另外，由于倾斜的布置，这种密封是相对刚性的，在横向方向上不易调整。

US4489845A 涉及一种螺旋盖，该螺旋盖顶部固定有密封唇。其缺点是，瓶盖会因过多的操作而变形，由于大量的应力和变形（应力开裂），瓶盖外壳易于损坏。

WO03011699A1 包括一个内部密封裙的封闭盖，其大致上被截断，并且从密封裙基部向密封裙自由端收敛。

（二）技术问题

提供一种重量减轻的密封螺纹瓶盖，其能够承受来自碳酸饮料的内部压力，同时具有改进的性能。

（三）技术方案

如图 6-1、图 6-2 所示，一种瓶盖 1，具有：
a. 一个顶板 2，以及
b. 一个与其相邻的裙部，
c. 所述裙部在内侧包括一个分段螺纹 6，
d. 两个在圆周方向上相邻的螺纹段 6.1 之间，布置有在裙部的轴向方向上延伸的第

一凹槽 7，

e. 在裙部外侧，布置有至少一个在裙部的轴向方向上延伸的第二凹槽，所述第二凹槽布置为位于至少两个在瓶盖 1 的轴向方向上彼此相邻的螺纹段 6.1 的径向外侧，并与所述至少两个在瓶盖 1 的轴向方向上彼此相邻的螺纹段 6.1 对齐，

f. 至少一个易断连接桥 25 在圆周方向与第一凹槽 7 对齐，包括一个连接到裙部的低自由端的防拆带 4，该防拆带 4 通过所述易断连接桥 25 一体地连接于瓶盖 1 上。

g. 密封装置被布置在瓶盖 1 内部，其中，所述密封装置的横截面包括一个外侧柱，该外侧柱从瓶盖 1 的顶板 2 大致上垂直地延伸，并被布置为，在瓶盖 1 到颈部末端的应用位置，该外侧柱与颈部末端的一个外表面相互作用，形成第一密封区域。

（四）技术效果

（1）通过螺纹段和分布在瓶盖内、外表面的道状凹槽的均匀分布和平衡布置，减轻瓶盖的重量，实现负载的均衡分布，同时便于握持；

（2）与瓶盖一体形成的密封装置提高了瓶盖的密封性能；

（3）通过易断连接桥连接到瓶盖壳体上的防拆带能够显示产品是否被开封过。

（五）必要的附图（见图 6-1、图 6-2）

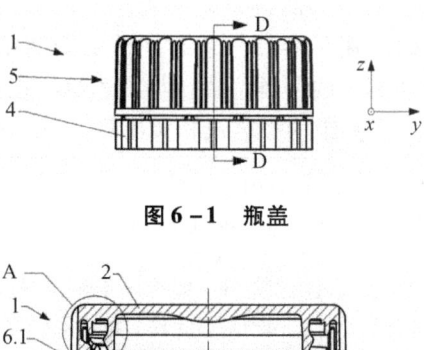

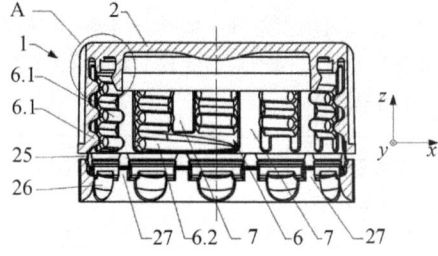

图 6-1　瓶盖

图 6-2　瓶盖剖面图

三、确定待分类的技术主题

（一）涉及发明信息的技术主题

I1：一种螺纹瓶盖，包括一个重量减轻且具有防拆带的外壳和一个积极补偿外壳变形以避免性能损失的瓶盖密封装置。

（二）涉及附加信息的技术主题

无。

四、选择可能涉及的分类位置

针对涉及发明信息的技术主题 I1 在分类表中寻找可能涉及的分类位置，通过在检索系统中初步检索，可判断其包括在 B65D 小类。

五、分析并选择分类号

（一）选择 CPC 主干分类号

通过浏览 B65D 的类名、参见、附注和小类索引，注意到以下与本案发明相关的指引：

（1）该发明的螺纹瓶盖属于封口件，其可能的分类位置涉及 B65D 39/00、B65D 41/00、B65D 43/00、B65D 50/00、B65D 51/00 这五个大组。

（2）该发明的螺纹瓶盖所具有的防拆带是防盗指示装置的一种，其也具有相应的分类位置。从附注中给出的指引"用于容器件或封闭件的防盗指示装置分入适当类型的容器或封闭件的组"来看，该防拆带的分类位置还与所述螺纹瓶盖的分类位置密切关联。

接下来，初步阅读上述五个大组的类名及相关参见：

B65D 39/00	配置在颈内的或倾注口内或卸料孔内的封闭件，如塞子（盖或罩入 B65D 43/00；带附加固定元件的入 B65D 45/00）
B65D 41/00	帽，如冠状盖或冠状密封件，即具有与颈部或确定倾注口的壁或出料口的外圆周接合部分的元件；用于封口元件的帽状保护盖，如金属箔装饰盖或纸装饰盖（B65D 45/00 优先）
B65D 43/00	刚性或半刚性容器的盖或罩（用于烹调容器的入 A47J 36/06；一般压力容器的盖入 F16J 13/00）
B65D 50/00	带有用于阻止未授权开启或其拆除的装置的封闭件，带有或不带有指示装置的封闭件，如儿童安全封闭件（不带阻止装置的篡改指示封闭件见相关组，如 B65D 41/32、B65D 51/20）
B65D 51/00	其他类目不包含的封口（作为工程元件用于一般压力容器的盖或类似的封口入 F16J 13/00）

根据上述五个大组的类名，可以初步排除明显不适合的、涉及完全配置在颈内的塞子类封口件的大组 B65D 39/00。大组 B65D 51/00 为其他类目不包含的封口，从其类名能够看出，该大组在其他组没有合适分类位置时适用，可以暂不考虑。另外，根据说明书的记

载，该发明中的防拆带本身并不能阻止打开瓶盖，只是其在被撕除的状态时能够指示容器被打开。根据这一点，可以排除 B65D 50/00 大组。并且在将该大组排除之前，还可以发现，该大组的类名之后有一个信息性参见为"不带阻止装置的篡改指示封闭件见相关组，如 B65D 41/32、B65D 51/20"。该参见表明，上述两个小组极有可能与该发明的防拆带相关。

经过上述分析，该发明可能涉及的分类位置有 B65D 41 和 B65D 43。

从 CPC 分类表的中文类名上并不能将 B65D 41 和 B65D 43 明显地区分开来。可以对比二者在 CPC 分类表英文中的相应表达：

B65D 41/00	Caps, e. g. crown caps, crown seals, i. e. members having parts arranged for engagement with the external periphery of a neck or wall defining a pouring opening or discharge aperture; Protective cap-like covers for closure members, e. g. decorative covers of metal foil or paper (B65D 45/00 takes precedence; combinations of caps and protective cap-like covers B65D 51/18; making closures by working metal sheet B21D 51/44; affixing labels B65C 3/06)
B65D 43/00	Lids or covers for rigid or semi-rigid containers (for cooking vessels A47J 36/06; covers for pressure vessels in general F16J 13/00)

B65D 41/00 中使用的是"caps"或"cap-like covers"，B65D 43/00 的类名中使用的是"lids"或"cover"，这就涉及中、英文表达的细微区别。EPO 的分类员认为，"lids"和"cover"相对于"caps"来说具有较小的厚度。基于以上原因，根据该发明的技术方案和附图，可以直接将 B65D 43/00 大组排除，将该发明涉及发明信息的技术主题分入 B65D 41/00 大组下。

查阅 B65D 41/00 大组下的细分位置，由于该发明的螺纹瓶盖具有防拆带和密封装置，可以确定二点组 B65D 41/34（具有成形在封闭件裙边内或附加在封闭件裙边上的篡改指示元件的螺纹的或类似的帽或帽状盖）。进一步查看其细分情况，根据说明书中记载的防拆带一体连接于瓶盖上，具体分入 B65D 41/3447（篡改指示元件通过桥一体连接在封闭件上）。

对于该发明的另一个重要特征——与瓶盖一体的密封装置，在 B65D 41/34 下的细分点组中没有找到涉及密封装置的分类位置，而 B65D 41/34 的分类定义有这样的规定："本小组不包括 B65D 41/0407、B65D 41/0435 的密封装置"，对此，EPO 内部审查员有非成文的规则，即"B65D 41/32 与 B65D 41/02，虽然类名相悖，但是如果待分类技术主题涉及盖的刻痕线、撕裂条带、签条之外的特征，应该分类入 B65D 41/02 相关下位组"；该规则设置是因为 B65D 41/32 和 B65D 41/02 的盖所涉及的其他特征，例如密封等的结构，本质上是类似的。

因此，密封装置这一特征并不分入 B65D 41/34，而应分在指引的位置 B65D 41/0407 或 B65D 41/0435 下面。浏览类名可知，B65D 41/0407 涉及的技术主题是"带有一体的密封装置的螺旋盖"，而 B65D 41/0435 涉及的是"带有独立的密封装置的螺旋盖"，结合该发明的技术方案，可以直接锁定三点组 B65D 41/0407；进一步查看其细分位置，确定可细分入 B65D 41/0421。

相关分类号如下：

B65D 41/00		帽，如冠状盖或冠状密封件，即具有与颈部或确定倾注口的壁或出料口的外圆周接合部分的元件；用于封口元件的帽状保护盖，如金属箔装饰盖或纸装饰盖（B65D 45/00 优先）
B65D 41/02	·	没有刻痕线、撕裂条带、签条或类似的开启或拆开装置的帽或帽状盖
B65D 41/04	··	通过旋转固定的带螺纹的或类似的帽或帽状盖
B65D 41/0407	···	{带有一体的密封装置（B65D 41/065 优先）}
B65D 41/0414	····	{由接触容器颈内表面的塞子、卡圈、凸缘、肋或类似物形成的}
B65D 41/0421	·····	{且与接触容器颈的其他表面的一体密封装置结合}
B65D 41/0435	···	{带有独立密封元件}
		……
B65D 41/32	·	带有刻痕线、撕裂条带、签条或类似的开启或拆开装置（如便于形成倾注口）的帽或帽状盖
B65D 41/34	··	{具有成形在封闭件裙边内或附加在封闭件裙边上的防盗指示元件的}螺纹的或类似的帽或帽状盖
		……

（二）选择 CPC 的 2000 系列分类号

浏览 B65D 小类中的 2000 系列，对于该发明涉及的发明信息技术主题，该螺纹瓶盖的可撕裂部分（防拆带）可以分入 B65D 2101/0023（封口件的可撕裂部分），该类名后注明 B65D 2101/0092 优先。B65D 2101/0092 为"容器和封盖上都有的可撕裂部分"，由于该发明并未明显提及容器颈部上的相应结构，因此不考虑优先参见位置 B65D 2101/0092，而只分入 B65D 2101/0023。另外，用来减轻瓶盖重量的凹槽应分入 B65D 2251/023。

六、确定完整的分类号

针对待分类的技术主题最终给出的完整分类号如下：
CCI： B65D 41/3447
　　　 B65D 41/0421
CCA： B65D 2251/023
　　　 B65D 2101/0023

七、CPC 分类启示

（1）在 CPC 分类过程中，要注意一些特殊规则。本案中该螺纹瓶盖整体应落入二点组 B65D 41/34 的范围，但该二点组之下的三点组均不涉及密封装置，而对于"密封装置"的分类位置 B65D 41/0421，其上的二点组 B65D 41/04 为"不带有撕裂条带等开启装置的螺纹瓶盖"。通常情况下，从类名上看，B65D 41/0421 这个分类位置似乎并不适当，但根据分类定义以及 EPO 分类员在该领域的分类习惯，从全面体现发明信息和便于检索的角度出发，应给出能够更好地体现"密封装置"这一特征的分类位置 B65D 41/0421。

（2）从 EPO 处理该类技术主题的方式来看，当发明信息的技术主题没有特别合适的分类位置时，如果有某下位组可以很好地体现该发明信息，即使从分类表的等级结构上看，其上位组并不能包含待分类的技术主题，此时如果分类人员认为分类至该下位组有利于检索，则也会分入该下位组。

案例 7 干衣机（D06F）

谢改军

一、专利文献

CN103485142A

二、技术公开的内容提要

（一）现有技术

干衣机是利用电热自动干燥衣物的清洁电器，对于北方的冬季和南方的"回南天"衣物难干的情况特别需要。

（二）技术问题

现有的干衣机不能针对于体质较弱的人群在相应的环境中所适合的温度自动调整干衣机的工作温度。这是现有干衣机领域中存在的一大弊端。此外，现有的干衣机很少具有消毒的功能。

（三）技术方案

如图 7-1 所示，本案发明公开了一种干衣机 100，包括：机体 1，机体 1 内限定有气流循环通道；滚筒 2，气流循环通道与滚筒 2 的筒腔连通；空气循环装置；加热装置，加热装置用于加热送入筒腔内的空气以对筒腔内的衣物进行烘干和高温消毒；第一温度检测装置 3，第一温度检测装置 3 检测循环空气的温度；用于检测环境温湿度的温湿度检测装置 4；用于给衣物消毒的紫外灯 9；控制器，控制器与第一温度检测装置 3、温湿度检测装置 4 和加热装置相连。

（四）技术效果

该发明提供的干衣机，其可以根据对环境温湿度的实际采集信息，自动调整工作温度，使衣物的处理更加智能化、人性化，可以提高人们的舒适感。而且该干衣机不仅具有高温消毒的功能，还具有紫外线消毒的功能。

（五）必要的附图（见图 7-1）

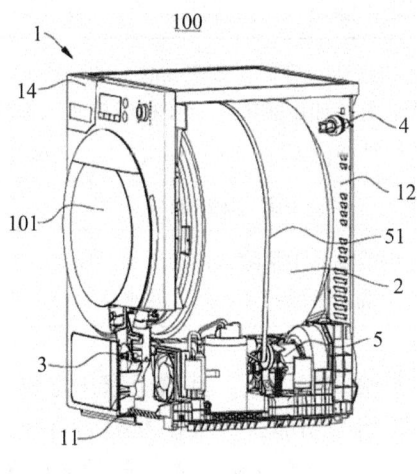

图 7-1　干衣机

三、确定待分类的技术主题

（一）涉及发明信息的技术主题

I1：滚筒干衣机，其包括机体、滚筒、空气循环装置、加热装置、第一温度检测装置、用于检测环境温湿度的温湿度检测装置、用于给衣物消毒的紫外灯、控制器。

I2：自动调整工作温度的干衣机，其控制器与第一温度检测装置、温湿度检测装置和加热装置相连，可对干衣机进行温度控制。

I3：可对衣物进行紫外消毒的干衣机，其带有紫外灯。

（二）涉及附加信息的技术主题

无。

四、选择可能涉及的分类位置

经在检索系统中初步检索，发现 D06F（家用干衣机，洗涤干衣机）、F26（一般的干燥）、G05（控制）、A61L（物品消毒）、G01（测量）是可能与该发明技术主题相关的小类。

五、分析并选择分类号

1. 发明信息的技术主题 I1

针对发明信息的技术主题 I1，在检索系统中使用关键词（衣物、服装、干燥、干衣、织物、纺织品、TEXTILE、CLOTHES、GARMENT、DRY）进行快速粗略检索，可能涉及的小类为 D06F 和 F26B。

经粗略检索发现，涉及衣物干燥的位置主要集中在 D06F 25/00、D06F 58/00、F26B 13/00。

D06F 25/00	带旋转（如振动）容器（如多孔的）的洗衣机，容器既能洗涤又能离心脱水，并有烘干装置，如用热风烘干（程序控制入 D06F 33/00；单独涉及干燥的零件入 D06F 58/00）
D06F 58/00	家用干衣机（一般干燥入 F26B）
F26B	从固体材料或制品中消除液体的干燥（没有加热或正向空气循环的洗衣用干燥框架，家用洗衣干燥机或旋转式脱水机，拧干或热压洗衣入 D06F）

发明信息的技术主题 I1 是滚筒干衣机，其属于家用电器，符合 D06F 58/00 的类名。D06F 25/00 虽然也具有干燥衣物的功能，但根据其类名可知，其主要包括涉及同时具有洗涤和干燥功能的洗衣机，而本案的干衣机不属于此类名所包括的范围。对于 F26B，其为一般干燥的功能，F26B 13/00（对具有渐进运动的，对织物、纤维、纱线和其他长度较长材料进行干燥的机器或设备），虽然也涉及纺织品的干燥，但其侧重工业生产过程具有渐进运动的产品。本案的干衣机为家用电器，不符合 F26B 及其大组的类名，且 F26B 类名参见中也明确指出：家用洗衣干燥机或旋转式脱水机，拧干或热压洗衣入 D06F。

因此，发明信息的技术主题 I1 最合适的小类为 D06F。

大组 D06F 58/00 的 CPC 分类表如下所示。

D06F 58/00		家用干衣机（一般干燥入 F26B）
D06F 58/02	·	带有围绕水平轴转动的干燥鼓
D06F 58/04	··	零件（控制或调整装置入 D06F 58/28）
D06F 58/06	···	转鼓的机架
D06F 58/08	···	传动装置
D06F 58/10	·	带有加热或通风设备的干燥箱或干燥室
D06F 58/12	··	带有运送衣物的输送装置，如沿着环形轨道
D06F 58/14	·	伸缩干燥箱；装配在墙上的伸缩罩
D06F 58/16	·	有接触洗涤物的加热表面（D06F 59/00 优先）
D06F 58/18	·	洗衣机用可以拆卸的或装有门的干燥装置
D06F 58/20	·	家用洗衣干燥机的一般零件（D06F 59/00 优先）
D06F 58/203	··	{洗涤物调节装置}
D06F 58/206	··	{热泵装置}
D06F 58/22	··	棉绒毛收集装置
D06F 58/24	··	冷凝装置
D06F 58/26	··	加热装置，如煤气加热设备（D06F 58/18 优先）

续表

D06F 58/263	...	{气体加热设备}
D06F 58/266	...	{微波加热设备}
D06F 58/28	··	控制或调整（一般的控制或调整入 G05）

浏览 D06F 58/00 及其细分的分类表后，确定发明信息 I1 的技术主题可分入 D06F 58/02（带有围绕水平轴转动的干燥鼓）。

2. 发明信息的技术主题 I2

针对发明信息的技术主题 I2，在检索系统中使用关键词（干衣、检测、控制、DRY、DETECT、CONTROL）进行快速粗略检索，可能涉及的小类为 D06F、G01、G05。

发明技术主题 I2 是自动调整工作温度的干衣机，其控制器与第一温度检测装置、温湿度检测装置和加热装置相连，可对干衣机进行温度控制。本案的干衣机采用了控制器、第一温度检测装置、温湿度检测装置，其为了达到干衣过程中自动调整工作温度的目的，是依靠对现有温度检测装置、温湿度检测装置及其控制器在干衣机中的配置和应用，并没有对温度检测装置、温湿度检测装置和控制器本身进行改进。通过技术问题、发明内容、有益效果以及实施例均可以得出此结论。因此，作为功能位置 G01 和 G05，在本案中无需给出。

综上所述，发明信息的技术主题 I2 最合适的小类为 D06F 58/00。

通过浏览 D06F 58/00 的分类表发现，D06F 58/28（控制或调整）完全可以包含发明信息的技术主题 I2，且 D06F 58/28 的类名中也通过参见明确了一般的控制或调整入 G05，因此，发明信息的技术主题 I2 分类入 D06F 58/28。

选择 2000 系列引得码

CPC 分类定义中明确规定：

家用干衣机的控制和调整（参考 D06F58/28）；

引得码 D06F 2058/2803～D06F 2058/2861 包含变量的测量或校核；

引得码 D06F 2058/2864～D06F 2058/2896 包含变量的控制或调整。

在进行 IPC 分类时，由于 IPC 分类表中没有涉及控制变量输入和输出的位置，因此当发明信息涉及控制或调整时，一般只能分入 D06F 58/28；但该分类位置并不能明确体现发明信息的控制参数，这对于检索来说是不利的。而 CPC 分类表中增加了对 D06F 58/00 进一步细分的 2000 系列引得码，其能明确表征发明信息的特征。就本案而言，在对技术主题 I2 进行分类时，若以 IPC 分类则只能分入 D06F 58/28；如果用 CPC 分类，针对发明信息涉及的温度检测、控制器、加热器等，除给出 D06F 58/28 的主干分类号外，还应依据 CPC 分类定义的规定，给出对 D06F 58/00 进一步细分的 D06F 2058/00 的引得码。例如，该发明通过检测工作温度控制加热装置的启闭，应分入以下相关的位置：

D06F 2058/2829	....	空气温度
D06F 2058/289	...	加热控制

由此可见，CPC 能更完整、准确地体现发明信息，可进一步提高检索效率。

3. 发明信息的技术主题 I3

针对发明信息的技术主题 I3，在检索系统中使用关键词（干衣、消毒、紫外、DRY、STERILIZE、UITRA – VIOLET）进行快速粗略检索，可能涉及的小类如下：D06F 和 A61L。

经粗略检索发现，涉及衣物消毒的位置主要集中在 D06F 58。

A61L 小类的类名为：材料或消毒的一般方法或装置；空气的灭菌、消毒或除臭；绷带、敷料、吸收垫或外科用品的化学方面；绷带、敷料、吸收垫或外科用品的材料。

发明信息的技术主题 I3：可对衣物进行紫外消毒的干衣机，其带有紫外灯。该紫外灯进行衣物消毒，属于干衣过程中对衣物的处理，可分入 D06F 58/00 大组内。A61L 包括对于一般材料的消毒，属于相对功能的位置，本案无需给出。

通过分析和检索，并查阅 D06F 58/00 大组及其细分的类名，可知发明信息的技术主题 I3 可分入 D06F 58/203（洗涤物调节装置），且在 CPC 分类定义中，洗涤物调节包括加湿、上浆、加香等，这些功能与本案的洗涤物消毒类似。因此，涉及发明信息的技术主题 I3 分入应用位置 D06F 58/203 是准确而合适的。

六、确定完整的分类号

CCI： D06F 58/02
　　　D06F 58/28
　　　D06F 58/203
CCA： D06F 2058/289
　　　D06F 2058/2829

七、CPC 分类启示

（1）多重分类原则的理解和使用

CPC 分类过程中，注意要将涉及发明信息的全部技术主题进行分类，即多重分类。这也是 EPO 专家在进行分类时的一个重要宗旨。

（2）CPC 增加的细分位置，可能导致同一技术主题与 IPC 分类结果不同

在 IPC 分类时，由于分类表细分位置较少，一些技术主题仅分入到应用分类位置，不能明确地体现发明信息中的功能方面。因此，根据所涉及的发明内容可能需增加更为功能的分类位置。而 CPC 分类表较 IPC 分类表增加了大量细分位置，特别是在应用分类位置下增加了能够体现功能方面的分类条目，这些技术主题分入应用分类位置就可以很好地体现发明信息的技术主题。例如，本案在对涉及紫外灯对洗涤物进行消毒的发明信息进行分类时，用 IPC 分类只能将该技术主题分入 D06F 58/20 零部件的位置，体现不了消毒这一重要的信息，可能还需考虑 A61L 2/10 紫外消毒的功能位置。而 CPC 的分类表增加了 D06F 58/203 洗涤物调节装置的位置，使得对于本案而言，只分入 D06F 58/203 即可，其也能很好地体现消毒这一信息；再如，当技术主题涉及洗衣机清洁的技术主题时，若进行 IPC 分类，需分入 D06F 35/00（其他类不包括的洗衣机、洗衣设备或洗衣方法），同时还

应根据情况考虑相关的功能位置 B08B（一般清洁；一般污垢的防除）；而在 CPC 分类表中，D06F 35/00 增加了洗衣机清洁的细分位置，因此对该技术主题在进行 CPC 分类时，一般无需再分入 B08B 的分类位置。

（3）细分的 2000 系列引得码，使得技术划分更加细致

细分的 2000 系列引得码是对主干分类表中某一上位组进一步的细分，其包含了进一步细化的技术方面。对于本案而言，待分类的技术主题涉及温度检测、控制器、紫外消毒在干衣机中的应用，如果只给出 D06F 58/28 分类位置，并不能明确体现控制的参数，也就不能明确体现发明信息，不利于检索；而在 CPC 分类表中增加了 D06F 58/28 细分的 2000 系列引得码后，将控制的参数完整地体现了出来，更加便于检索。

案例8　一种海底管线浮球式柔性冲刷防护装置（F16L）

高海燕

一、专利文献

CN104776292A

二、技术公开的内容提要

（一）现有技术

裸露铺设于海床上的管线往往会改变海床底部的局部流场结构，产生三维涡流及水流紊动增强等现象。这样的水动力结构进一步驱动管线附近海床泥沙的运动，尤其是在砂质和粉砂质海床上，强烈的泥沙运动将在管线周围快速形成局部冲刷坑。沿管线不均匀分布的冲刷坑形成后，管线发生悬跨。当悬跨长度超过规定最大长度后，海底管线在自重作用下将发生显著弯曲而失效；另外，在水流作用下，悬跨段海底管线后方将形成交替脱落的漩涡结构，当脱涡频率与管线结构固有频率接近时，将发生共振，形成管线的涡激振动，引起海底管线的疲劳损伤。

目前，海底管线冲刷防护的主要技术有挖槽、碎石覆盖、管线自埋、导流等方式。其中，挖槽是指管线敷设前在海床上开挖明槽，一般深1m左右，然后将管线置于槽中，以防止局部冲刷和涡激振动。碎石覆盖指管线敷设后利用碎石等大颗粒材料覆盖在管道上方，形成保护。管线自埋则利用水流对管线附近泥沙的掏刷，形成管道的自然掩埋。导流就是在管道上面安装导流装置来引导水流方向。近年来不断有新型的管线冲刷防护技术出现。例如，利用"人工草""仿生海藻"等防护管线周围的海床，在管道上安装柔性浮帘截沙促淤，在管道下方铺设不透水板，以减少因管道两侧渗流力而产生的管涌型冲刷等。

（二）技术问题

现有的海底管线冲刷防护技术中，挖槽技术由于水下开挖需要高强度人、机作业，费用一般非常高，且仅适用于较浅的海域；碎石覆盖则需要大量的碎石材料，且水下作业困难，往往仅适用于短距离的局部管段；管线自埋使用的前提条件是当地海床土质以及水流条件能够形成有效的自埋，但实际上，在我国很多海域，海床的土质并不能满足形成自埋的条件；导流装置引导水流方向的效果不明显，而且导流装置一般都不是柔性的，容易对海底生物造成伤害；"人工草""仿生海藻"等方式受应用效果、建设成本、施工技术水平等条件限制,并未能广泛应用于海洋油气资源开发中。另外,不同的管线冲刷防护技术往往适用于特定的海床地质条件、水流条件以及当地原材料供给条件等,实际工程应用需要更多新型的、多样化的冲刷防护技术方案。

(三) 技术方案

本案发明提供一种海底管线 3 浮球式柔性冲刷防护装置 (见图 8-1)。该装置由三至多个浮球防护单元组成,每个浮球防护单元主要由三部分组成:压载块体 5、连接绳索 2、浮体小球 1。各部分组成和功能如下。①压载块体 5:块体主要起到压载固定作用。将整个块体 5 与浮体小球 1 用连接绳 2 连接并沉入海床之中用以固定浮体小球 1 的位置。压载块体 5 重量一般为 100~1000kg,具体根据上方浮体的总浮力确定。压载块体 5 可以由混凝土材料预制,也可以采用简易充填砂袋代替。压载块体 5 在水流作用下将形成局部冲刷,形成压载块体 5 自然下沉和掩埋。②连接绳索 2:用以连接块体 5 与浮体小球 1 以及在各浮球之间连接,使它们具有整体性以增强防护效果。为避免海水腐蚀,不采用索链等钢质或铁质绳索,宜采用耐腐蚀尼龙或其他材质制作,其直径满足浮球最大拉力要求即可。③浮体小球 1:浮体小球 1 的直径根据具体所需要的情况来确定,一般为 10~50cm,球径可以相同,也可以沿水深变化,具体在经流体力学实验分析最佳防护效果后确定。浮体小球 1 是整套防护装置的核心,其防护范围是冲刷范围的 2~3 倍,防护高度是管线厚度的 1~2 倍。浮体小球 1 可以采用轻质泡沫塑料制作,也可以采用充气气囊,形成有效浮力。

(四) 技术效果

利用一系列沿管道设置的浮球,形成对水流的多孔介质屏障,降低近底水流流速,并使高速的水流流向上方排挤,减小管线附近的泥沙起动,形成类似陆上防风拟尘网的效果;另外,水流流过浮球将形成绕流涡体,并引起浮球的涡激振动或摆动,能够有效消散水流能量,达到减少管线局部冲刷的目的。

(五) 必要的附图 (见图 8-1)

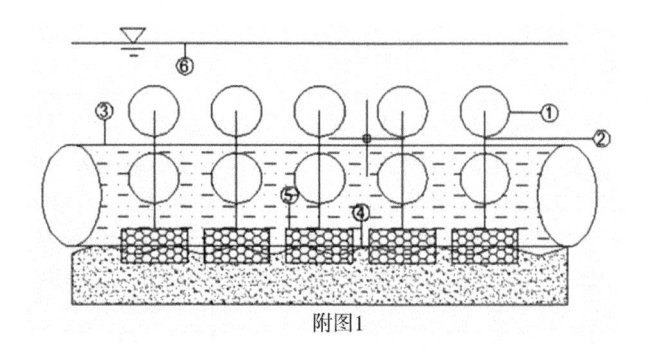

附图1

附图2

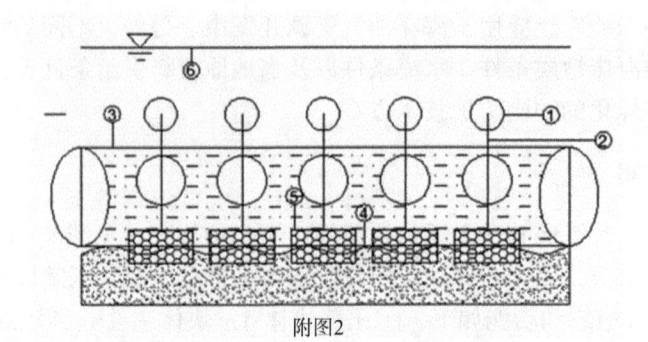

图8-1 一种海底管线浮球式柔性冲刷防护装置（附图1、2）
1-浮体小球；2-连接绳索；3-海底管线；4-海床；5-块体；6-水面

三、确定待分类的技术主题

（一）涉及发明信息的技术主题

I1：采用浮球防护单元的海底管线柔性冲刷防护装置。

（二）涉及附加信息的技术主题

无。

四、选择可能涉及的分类位置

待分类技术主题涉及一种海底输送管道防护装置。作为输送管道相关技术，大致选定小类范围为F16L。采用"水下管道""海底管道""管道防护"等关键字组合进行简单检索，相关技术可能涉及分类号F16L 1/00、F16L 57/00及其细分。

五、分析并选择分类号

F16L 1/00		铺设或回收管子；在水上或水下检修或连接管子（软焊或焊接入B23K；提升齿轮和负载啮合元件入B66；水利设施、污水排除入E02B；挖掘或水下建筑入E02D；{现场制作的混凝土导管入E02D 29/10}；与管子安装配合使用的挖沟机入E02F；铺设排水管入E03F 3/06；在地面钻孔或钻入E21B；隧道工程入E21D；铺设电缆或光缆和电缆的组合入H02G；制造特殊管接头，见相关组）
F16L 1/12	·	在水上或水下铺设或回收管子（漂浮软管入F16L 11/133）
F16L 1/123	··	{水下管的保护措施（一般的入F16L 57/00）}
		……

F16L 57/00		防止管子或类似件的内部或外部的损害或磨损（水下保护入 F16L 1/123；在其他管子或管套内的管子支撑入 F16L 7/00；用于软管端部设备连接的入 F16L 35/00；保护管子或管件抵抗腐蚀或生锈入 F16L 58/00；运输期间的防护入 B65D，如 B65D 59/00；用于蒸汽锅炉的入 F22B 37/107）

通过浏览分类表发现，如果简单按类名范围来理解，管线防护首先考虑到的位置可能是 F16L 57/00，但 CPC 相对 IPC 而言，在 F16L 1/12（在水上或水下铺设或回收管子）下面增加了细分条目 F16L 1/123（水下管的保护措施）。同时，在 F16L 57/00 大组类名的参见中新增加了"水下保护入 F16L 1/123"的指引内容。该发明采用浮球防护单元进行海底管道的冲刷防护，正是属于水下保护的范围。那么根据该处参见的指引，待分类的技术主题"采用浮球防护单元的海底管线柔性冲刷防护装置"应分入 CPC 中新增的细分位置 F16L 1/123 更合适，该位置更能体现水下管道保护的技术。

六、确定完整的分类号

CCI：F16L 1/123

七、CPC 分类启示

在 IPC 分类中，为了体现水下管道保护，可能需要组合给出 F16L 57/00、F16L 1/12。现在 CPC 中不仅在 F16L 1/00 大组下面增加了水下管道防护的细分位置，同时在管道防护有关大组 F16L 57/00 参见中也新增了指引内容。由此可见，CPC 分类中尤其需要注意新增参见对新增细分位置的指引作用，其有助于给出更专用、更能体现技术特征的分类结果。

案例 9　供气装置和用于在供气装置中净化气体的方法（F24F）

白丛生

一、专利文献

CN101730824A
WO2008119893A1

二、技术公开的内容提要

（一）现有技术

考虑到室内空气的性质，显著增加室外空气的流动速度相对地受到限制。例如，增加气流速度的一倍会将室内空气中来自室内源的杂质含量降低到一半，但是，增加室外空气的流动速度就会增加冷却和加热的需要，且由此与限制建筑物内的能量消耗产生了矛盾。增加供给气流速度还会涉及增加空调气体管道的尺寸，这就导致建筑中的楼层的高度增加，由此导致成本增加。

在供气装置本身中存在着过滤配置或布置，例如在专利文件 DE3321612A1 中公开了一种供气装置，在该供气装置中，二次气流被引导经过热交换器前面的过滤器。此过滤器是常规的过滤器垫，然而所述过滤器垫会产生高的流动阻力，这对于供气装置的功能是不利的。所述高的流动阻力会过多降低二次气流的流动，而二次气流的过滤对于室内空气的质量没有显著的影响。如果供气装置配备有冷却或加热措施，所述过滤器垫的流动阻力却太多地限制气流经过所述部件，则所述供气装置的冷却/加热效率会极度下降。如果所使用的过滤器是非常容易渗透空气的织物过滤器，那么二次气流会处在可接受的程度，但用所述过滤器净化的效率会保持较低的程度。

（二）技术方案

如图 9-1 所示，一种供气装置 10，所述供气装置包括：供气喷嘴 16，经过所述供气喷嘴，供给的气体 L1 被引导到混合腔室 17 中且进一步被引导到空间 H1 中，使得所述供给的气体诱导来自所述空间 H1 的循环或二次气流 L2；和过滤器，所述循环或二次气流 L2 被引导经过所述过滤器，其特征是：所述过滤器是电子颗粒过滤器 12 或蜂窝气体过滤器 14，或者所述供气装置包括上述过滤器中的两者。

案例 9　供气装置和用于在供气装置中净化气体的方法（F24F）

（三）技术效果

有益效果在于：①能降低室内空气的杂质的含量，而不增加能量消耗以及中央空调系统的空气流量；②由过滤器引起的流动阻力是较低的，且过滤器不干扰所述供气装置。

（四）必要的附图（见图 9-1）

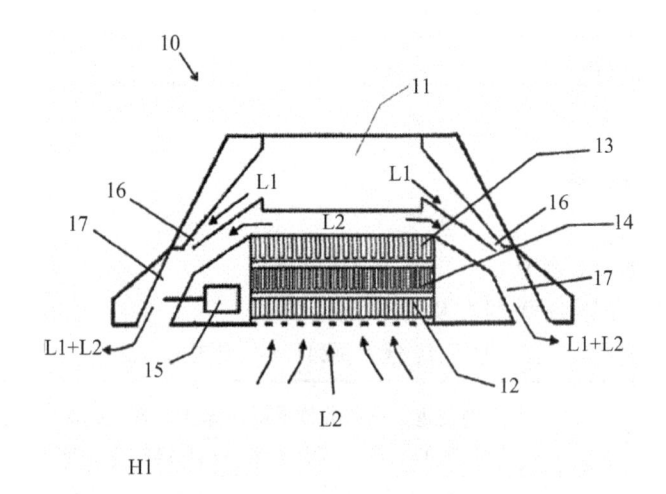

图 9-1　供气装置和用于在供气装置中净化气体的方法

三、确定待分类的技术主题

（一）涉及发明信息的技术主题

I1：包括供气喷嘴和过滤器的供气装置。
I2：用电子颗粒过滤器或蜂窝气体过滤器处理空气。

（二）涉及附加信息的技术主题

A1：供气装置安置在天花板中的冷却梁。

四、选择可能涉及的分类位置

针对涉及发明信息和附加信息的技术主题，在检索系统中使用关键词进行快速粗略检索，可能涉及的分类位置如下：

F24F 1/00	室内装置，例如分体式或一体式装置，或接收来自集中式空调站一次空气的装置〔或者从集中式空调站供应加热或冷却剂，例如包含在 F24F 3/00 和 F24F 5/00 中的空气处理系统的加热或冷却剂〕

F24F 3/00	从一个或多个集中式空调站向可以得到二次处理的房间或场所内的分配装置供给经过处理的一次空气的空气调节系统；专门为这种系统设计的设备（室内装置入 F24F 1/00；热交换器的结构入 F28）{F24F 3/044 优先；空气一次处理部件的配置或安装入 F24F 11/08}
F24F 2221/00	不包含在其他各组内的零部件或特征
B01D	分离

五、分析并选择分类号

1. 发明信息的技术主题 I1

发明信息的技术主题 I1 可能涉及的小类是 F24F。

该发明是室内的供气装置，所以应分入 F24F 1 大组中。

F24F 1/00		室内装置，例如分体式或一体式装置，或接收来自集中式空调站一次空气的装置 {或者从集中式空调站供应加热或冷却剂，例如包含在 F24F 3/00 和 F24F 5/00 中的空气处理系统的加热或冷却剂}
F24F 1/0003	·	{分体式装置}
F24F 1/0007	·	{风机盘管装置，例如用蒸发的制冷剂的}
F24F 1/0059	·	{以热交换器为特征的}
F24F 1/01	·	二次空气是靠一次空气的引射器作用引入的（F24F 1/02 优先；{用于调节流经热交换器以及用于空气二次处理的关联旁管的空气供给的部件的配置或装配入 F24F 11/81；诱导装置的喷嘴入 F24F 13/26}）

该发明中，一次空气 L1 通过供气管被引导到供气腔室 11 中，吹入到所述诱导腔室的一次气流将循环的二次气流 L2 从空间 H1 诱导（或抽吸）到所述诱导腔室中，所以应分入 F24F 1/01。

2. 发明信息的技术主题 I2

发明信息的技术主题 I2 可能涉及的小类是 F24F 和 B01。

F24F 3 从一个或多个集中式空调站向可以得到二次处理的房间或场所内的分配装置供给经过处理的一次空气的空气调节系统；专门为这种系统设计的设备。

B01 分离。

B01 中，大组 B01D 46/00（专门用于把弥散粒子从气体或蒸气中分离出来的经过改进的过滤器和过滤方法）涉及过滤器本身的结构特征，该发明只是应用过滤器来处理空气，过滤器本身结构没有改进，因此，将发明信息的技术主题 I2 分入 F24F 小类。

EPO 的分类人员对于 F24F3 涵盖的技术主题具有内部非成文的做法，具体如下：

与 F24F 1 相对，F24F 3 是涉及集中式空调系统的，但应当注意有两个例外，一是 F24F 3/14，对于在房间内使用的单独的除湿装置，虽然其只在房间内对空气进行处理，不符合 F24F 3/00 大组的类名限定的范围，但由于没有其他合适的分类位置，只能分入 F24F 3/14，而对于在房间内使用的单独的加湿装置，可分入专门的分类位置 F24F 6/00；另一个是 F24F 3/16，EPO 分类人员认为空调室内机的过滤器也分在 F24F 3/16 及其下位组，因为分类表中没有其他合适的位置，虽然从分类表的等级结构关系上看是不合逻辑的，但也将室内装置的加湿装置分入 F24F 3/16 及其下位组。

翻阅 F24F 3 的 CPC 分类表，有如下内容。

F24F 3/00		从一个或多个集中式空调站向可以得到二次处理的房间或场所内的分配装置供给经过处理的一次空气的空气调节系统；专门为这种系统设计的设备（室内装置入 F24F 1/00；热交换器的结构入 F28）{F24F 3/044 优先；空气一次处理部件的配置或安装入 F24F 11/08}
F24F 3/12	·	以加热和冷却除外的其他方式处理空气为特征（F24F 3/02，F24F 3/06 优先；各个处理设备见相应的各个小类）
F24F 3/16	··	净化处理，例如过滤处理；消毒处理；臭氧化处理 {离子源入 H01J 27/02，H01J 37/08；用于医疗目的的治疗室或箱体入 A61G 10/00}
F24F 3/1603	···	{用过滤作用（过滤器的配置或安装入 F24F 13/28）}
F24F 2003/1614	····	用干滤元件
......		
F24F 3/166	···	{用电装置，例如应用静电场的（用热电元件的设备入 F24F 5/0042）}
F24F 2003/1635	····	用高压
F24F 2003/1682	···	离子化处理

该发明的过滤器是电子颗粒过滤器、电解槽气体过滤器或蜂窝气体过滤器，对空气有比较好的过滤效果；该发明的供气装置还配备有离子发生器，离子发生器可以放置在供气装置的外部。根据上述这些分析，给出关于用过滤器处理空气的发明信息分类位置 F24F 3/1603、F24F 3/166，同时，F24F 3 下新增了细分的 2000 系列分类号，因此本案还应给出涉及空气过滤的 2000 系列引得码 F24F 2003/1614、F24F 2003/1635、F24F 2003/1682。

3. 附加信息的技术主题 A1

大于 2200 系列的垂直引得码是相对于主干分类号从多个角度对技术主题进行细分。在 CPC 分类表中，垂直分类号位于每一小类的最后面，往往容易被忽略。

该发明中，供气装置安置在天花板中的冷却梁是对检索有用的信息，查阅 F24F 的垂直引得码。如下：

F24F 2221/00		不包含在其他各组内的零部件或特征
F24F 2221/14	·	装在天花板上的

因此，应给出 2000 系列引得码 F24F 2221/14。

六、确定完整的分类号

CCI： F24F 1/01
　　　F24F 3/1603
　　　F24F 3/166
CCA： F24F 2003/1614
　　　F24F 2003/1635
　　　F24F 2003/1682
　　　F24F 2221/14

七、CPC 分类启示

（1）注意 EPO 分类人员关于 CPC 分类的非成文的做法

通常这样的非成文做法只被 EPO 同领域的分类员/审查员知晓，没有记载在分类表或分类定义中，随着 CPC 分类定义的逐步完善，EPO 也有可能逐步将这些不成文的做法记载在分类定义中，而目前，国知局审查员/分类员只能通过培训和其他与 EPO 分类人员之间的沟通渠道获得该方面的信息。具体到本案，虽然"在房间内使用的单独的除湿装置"和"空调室内机的过滤器"这样的技术主题在等级结构关系上并不符合 F24F 3/（14 和 16）的类名，但是因为分类表中没有其他合适的位置，尽管不合逻辑，也只能分入这两个最相关的位置。

（2）注意大于 2200 的垂直引得码

大于 2200 系列的引得码（即垂直引得码）是相对于主干分类号从垂直的角度对技术主题进行分面。在插入版的 CPC 分类表中，垂直引得码位于每一小类的最后面，往往容易被忽略。分类时，如有涉及垂直引得码的技术主题，应注意给出相应的分类位置。

（3）注意细分的 2000 系列引得码表示的技术信息

CPC 中细分的 2000 系列引得码插入到主干分类表中，对主干分类表中某一分类位置进行进一步细分。该发明中，细分引得码 F24F 2003/1614、F24F 2003/1635、F24F 2003/1682 是 F24F 3/16 的细分组，CPC 规定 2000 系列引得码只能标引在表示附加信息的 CCA 中，但应当注意，这些分类号表示的是该发明中的发明信息。

案例 10　经由评估蛋白质片段检测并展示毛发损伤的系统和方法（G01N）

胡亚杰

一、专利文献（根据 CN102893160A 进行分类）

WO2011146462A1
CN102893160A

二、技术公开的内容提要

（一）现有技术

毛发主要由蛋白质组成，并且在它长出头皮后是可再生的。蛋白质损失导致的毛发损伤是一个已知的问题。因此，鉴定从毛发中提取的蛋白质片段，并将蛋白质片段类型与毛发损伤类型相关联，便能正确鉴定毛发损伤的类型、鉴定特定的毛发疾病类型、并且可以为设计防止漂白剂使用造成毛发损伤的产品提供必需信息。

（二）技术问题

需要一种通过分析毛发样品中的蛋白质片段来检测并展示毛发损伤类型或来源的方法。

（三）技术方案

一种将毛发损伤类型或来源与标记蛋白质片段相关联的方法，包括：①产生两种相同的毛发样品：样品 A 和样品 B；②向样品 A 施用损伤组合物或处理剂；向样品 B 施用无损伤组合物或处理剂；③使用合适的溶剂从样品 A 和样品 B 的每个样品中提取不稳定蛋白质；④用 MALDI – MS（基质辅助激光解析电离质谱）分析来自样品 A 和样品 B 的蛋白质片段样品；⑤比较样品 A 和样品 B 的 MALDI – MS 结果；⑥通过鉴定存在于样品 A 中而不存在于样品 B 中的独特修饰模式来鉴定标记蛋白质片段。

一种用于展示毛发损伤类型或来源的方法，包括：①使用合适的溶剂从毛发样品中提取不稳定蛋白质；②用 MALDI – MS 分析蛋白质片段样品，得到蛋白质片段结果；③通过比较蛋白质片段结果与对于特定损伤的标记蛋白质片段列表来鉴定毛发损伤。

图 10 – 1 对比了受损伤毛发与未受损伤毛发的蛋白质片段 MALDI – MS 的分析结果。

（四）技术效果

能够通过分析毛发样品中的蛋白质片段来检测并展示毛发损伤类型或来源。

（五）必要的附图（见图 10-1）

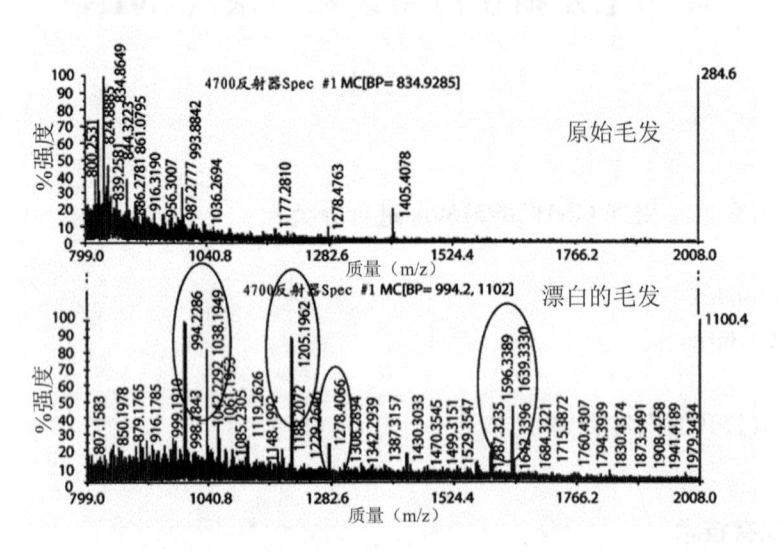

图 10-1 受损伤毛发与未受损伤毛发的蛋白质片段 MALDI-MS 的分析结果

三、确定待分类的技术主题

（一）涉及发明信息的技术主题

I1：通过使用 MALDI-MS 法分析毛发样品中的蛋白质片段来检测并展示毛发损伤类型或来源的方法。

（二）涉及附加信息的技术主题

A1：毛发样品中蛋白质的检测。

四、选择可能涉及的分类位置

针对发明信息的技术主题，使用关键词进行检索，可能涉及的分类位置为 G01N 27/64、G01N 33/68。

附加信息的技术主题可能涉及 G01N 垂直的 2000 系列引得码。

五、分析并选择分类号

1. 发明信息的技术主题 I1

通过使用关键词检索已经检索到小组 G01N 27/64、G01N 33/68，然后浏览 G01N 小类 CPC 分类表，查找相关小组。

G01N 27/00		用电、电化学或磁的方法测试或分析材料（G01N 3/00 ~ G01N 25/00 优先；电或磁变量的测量或试验，或材料的电磁性能的测试或试验入 G01R）
G01N 27/62	·	通过测试气体的电离，通过测试放电，如阴极发射（粒子谱仪本身入 H01J 49/00）
G01N 27/64	··	利用波或粒子辐射电离气体，例如在电离室内（用于测试引入气体的压力或探测气体存在的放电管入 H01J 41/02）
G01N 33/00		利用前面各组所未包括的特殊的方法来测试或分析材料
G01N 33/48	·	生物物质，例如血、尿（G01N 33/02 ~ G01N 33/14，G01N 33/26、G01N 33/44、G01N 33/46 优先；种子发芽能力测定入 A01C 1/02）；血球计数器（靠对一表面扫描来统计该表面上的血球数入 G06M 11/02）
G01N 33/50	··	生物物质的化学分析，例如血、尿；包括了生物特有的配体结合方法的测试；免疫学试验（包括酶或微生物，以及相应的组分或试纸的检测或试验；形成这些组分的工艺过程，在微生物的或酶的反应过程中反应条件的控制入 C12Q） 附注： 1. 当用于与材料有关时，词语"涉及"（involving）表示包括对材料的检测以及使用这一材料作为对不同的材料进行检测的鉴定因素或试剂。 2. 在 G01N 33/52 ~ G01N 33/96 组中，如无相反指示时，则分类入最后适当位置。 3. 涉及新的肽或者新的 DNA 或它的相应的 mRNA、肽编码、以及他们在测量或测试过程中的使用的文献，根据肽被分类在 C07K 或 C12N 9/00 以及适当的与诊断应用相关的引得码。然而，如果诊断或分析方面是新颖的，文献分类在本组。
G01N 33/68	···	涉及蛋白质、肽或氨基酸的（涉及脂蛋白入 G01N 33/92）
G01N 33/6803	····	{不限于特殊蛋白质或蛋白质族的蛋白质分析的一般方法}
G01N 33/6848	·····	{涉及质谱分析蛋白质的方法}
G01N 33/6851	······	{涉及激光解吸离子化的质谱分析蛋白质的方法}

经过仔细查找分类表发现 G01N 27/64 和 G01N 33/6851 都是使用激光解吸离子化质谱法分析材料的位置。

其中，G01N 27/00 的类名是"用电、电化学或磁的方法测试或分析材料"，G01N 33/00的类名是"利用前面各组所未包括的特殊的方法来测试或分析材料"。按照类名并根据技术原理，使用"激光解吸离子化质谱法分析材料"的技术主题应该包括在大组 G01N 27/00 的下位组 G01N 27/64 的范围里，所以 G01N 33 及其下位组也就不应该再包括使用"激光解吸离子化质谱法分析材料"的技术主题了。另外，G01N 33/50 的类名是"生物物质的化学分析，例如血、尿；包括了生物特有的配体结合方法的测试；免疫学试验"，也不应该包括使用物理方法分析生物物质的技术主题。但是考虑到专业性和利于审查的角度，在 CPC 的 G01N 33 分类表里设置了 G01N 33/6848（涉及质谱分析蛋白质的方法）、G01N 33/6851（涉及激光解吸离子化的质谱分析蛋白质的方法）这样的与其上位点组的分类位置范围相冲突的特殊的分类位置。

该发明是"通过使用激光解吸离子化质谱法分析毛发样品中的蛋白质片段来检测并展示毛发损伤类型或来源"。按照 CPC 分类表的设置思想，考虑到专业性和利于审查的角度，本案应该分入 G01N 33/6851 小组，而不分入 G01N 27/64 小组，所以应当选择 G01N 33/6851 作为本案的主分类位置。

2. 附加信息的技术主题 A1

该发明中还明确指出，"毛发"指人或动物来源的角质纤维，例如头发或睫毛，毛发中存在的那些蛋白质可以理解为"角质蛋白质"。此时可以浏览 G01N 的 2000 系列引得表，找到相关小组 G01N 2333/4742。

G01N 2333/00		涉及来自于特定有机体或者具体性质的生物材料测试 附注： G01N 2333/47 ~ G01N 2333/994 组的引得码根据材料的化学特性标引，不考虑有机体来源
G01N 2333/435	·	来自动物；来自人类
G01N 2333/46	··	来自脊椎动物
G01N 2333/47	···	涉及小组规定的已知结构或功能的蛋白质试验
G01N 2333/4701	····	未使用
G01N 2333/4742	·····	角蛋白；细胞角蛋白

"角质蛋白质"是对"蛋白质片段"的进一步限定，从利于检索的角度出发，可把 G01N 2333/4742 作为附加信息给出。

六、确定完整的分类号

针对待分类的技术主题最终给出的完整分类号如下：
CCI：G01N 33/6851
CCA：G01N 2333/4742

七、CPC 分类启示

（1）从分类表中组的等级结构的类名看，某些技术主题不应当包括在 CPC 分类表设置的细分位置中。例如，本案中"激光解析离子化质谱法分析材料"的技术主题不应包括在 G01N 33 大组中，但是 EPO 分类人员会从专业技术和利于审查的角度考虑，忽略上位组类名对该组包括的技术主题范围的限定，将这样的技术主题分类入 G01N 33/6848（涉及质谱分析蛋白质的方法）这个分类位置。由此可见，某些情况下，EPO 分类人员在选择 CPC 分类号时非常灵活，并不严格遵守分类表等级结构的限定。

（2）2000 系列引得码来自进一步细分的 ICO、垂直的 ICO 以及 IPC 的引得码表，其旨在为分类的技术主题提供更多维度的技术信息，以利于检索。在 2000 系列引得码能够很好地体现专利文献中对检索有益的技术信息的情况下，需要给出 2000 系列引得码，按照 CPC 的分类规则，将其作为附加信息 CCA 给出。

案例 11　面内切换电泳彩色显示器（G02F）

张云英

一、专利文献（根据 WO2008065605A3 进行分类）

WO2008065605A3
US2010060628A1
EP2122412A2

二、技术公开的内容提要

（一）现有技术

现有技术中公开了一种合并有背光的透射式彩色电泳显示器。该显示器具有多个横向相邻的像素。每个像素包括垂直堆叠的两个或更多单元，在位于该叠层的后面或底部的面板的水平表面上，一个单元直接在另一单元上面。叠层中的每个单元还具有横向相邻的相似的单元，它们一起形成显示器中的单元的层。在每个单元之间存在光透射窗（参见专利 WO2008065605A3 的第 1 页第［0002］段、第［0003］段）。

（二）技术问题

现有技术中公开的显示器的问题在于：反电极基本被布置在单元的中心处，电连接通过适当的下部的、堆叠的单元，这使得单元的制造变得复杂，因此增加了显示面板的生产成本。此外，每个颜色使用一个层导致 CMY 显示器使用至少三层，这可能在生产显示面板时引起对准问题。

（三）技术方案

本案发明提供了一种面内切换型彩色电泳显示器。如图 11-1 所示，电泳层包括腔 18ab，所述腔包括悬浮液并限定了像素 10、12。与每个腔相邻，两个控制电极 20a、20b 被布置在像素的视场 26 之外，以启动粒子的面内运动。两种粒子类型 24a、24b 被布置在像素单元的悬浮液中，所述两种粒子类型 24a、24b 在颜色（黄色，青色）方面不同并且可选地在以下方面不同：(i) 用于启动运动的阈值电场或粒子迁移率，以及（可能是电荷极性），或 (ii) 也布置在视场之外的附加控制电极。该设置使得以可控的方式获得用于每个像素的复合颜色方案。控制电极可以被布置在所述腔的界限端，即垂直于层平面，或布置在所述腔的边缘处的层平面中。由于它们还被光屏蔽体层覆盖，所以电极和聚集在其上的粒子不会影响像素的视场。此外，腔区域的仅仅一小部分被电极材料覆盖，从而可以优化像素的总透射性（亮度）。两个这样的单元18ab、18cd可以堆叠在彼此上面。第二单元中的粒子（黄色、青色）具有不同于第一单元中粒子（洋红、黑色）的颜色，但是它们的其他性质根据选项（i）布置。所述单元之一主要决定显示器的亮度，另一个主要决定其颜色。白色反射体使得可以实现反射型CMY或CMYK减色显示器。

（四）技术效果

实施例的透射式显示器在亮状态下的透射率是具有静态滤色器的相应LCD显示器透射率的六倍，这使得较小的、耗电较少的背光能够实现与目前主流产品相同的屏幕前亮度。此外，显示器可以具有更饱和的颜色，因为与LCD面板相反，白色状态的亮度不受有色状态下的色饱和度的影响。标准的LCD利用固定的RGB滤色器工作，滤色器的红色、绿色和蓝色部分的饱和度越小，亮度越高。该发明的面板还可以与LCD层或其他类型的显示器（等离子体、OLED）相结合，用作动态的滤色器以实现更高亮度和更饱和的颜色，同时保持LCD显示器具有较快的响应速度的优点。

（五）必要的附图（见图11-1）

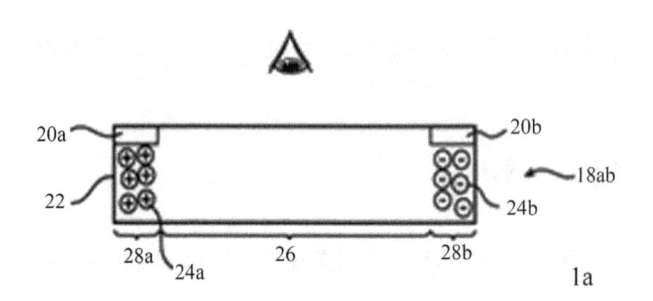

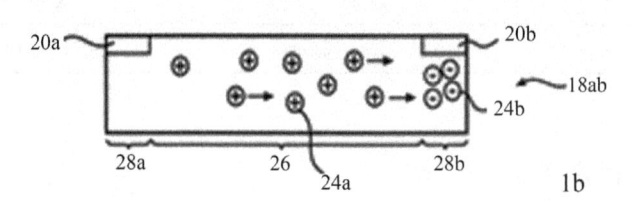

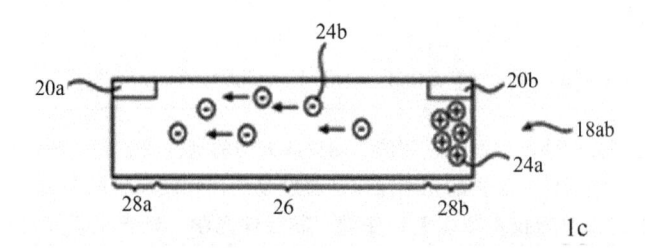

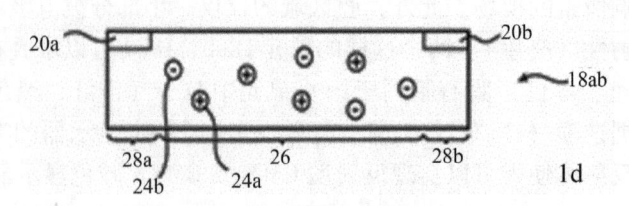

图 11 -1　面内切换电泳彩色显示器（1a，1b，1c，1d）

三、确定待分类的技术主题

（一）涉及发明信息的技术主题

I1：一种具有特定电极定位结构的电泳彩色显示面板。

（二）涉及附加信息的技术主题

A1：面内切换型（IPS）显示装置。
A2：特定的粒子类型。
A3：该发明的面板还可以与 LCD 层或其他类型的显示器（等离子体、OLED）相结合用作动态的滤色器。

四、选择可能涉及的分类位置

针对涉及发明信息的技术主题 I1，使用关键词进行快速粗略检索，可能涉及的分类位置如表 11 -1 所示。

表 11 -1　可能涉及的分类位置

技术主题	查询	CPC 分类位置
I1	电泳、彩色显示	G02F1、G09F9、G09G3

五、分析并选择分类号

（一）选择小类

根据可能涉及的分类位置，在 G02F、G09F、G09G 中进行选择。

G02F	用于控制光的强度、颜色、相位、偏振或方向的器件或装置，例如转换、选通、调制或解调，上述器件或装置的光学操作是通过改变器件或装置的介质的光学性质来修改的；用于上述操作的技术或工艺；变频；非线性光学；光学逻辑元件；光学模拟/数字转换器

续表

G09F	显示；广告；标记；标签或铭牌；印鉴
G09G	对用静态方法显示可变信息的指示装置进行控制的装置或电路（在数字计算机与显示器之间传输数据的装置入 G06F 3/14；由若干分离源或光控的光电池结合而成的静态指示装置入 G09F 9/00；由若干光源的组合而构成的静态的指示装置入 H01J、H01K、H01L、H05B 33/12；文件或者类似物的扫描、传输或者重现，如传真传输，其零部件入 H04N 1/00）

发明信息的技术主题 I1 涉及电泳彩色显示面板的结构。在上述小类中：G02F 小类下的组涉及电泳显示装置的结构；G09G 和 G09F 仅是电泳显示装置在不同领域的应用，不涉及显示装置结构本身；G09G 涉及电泳显示装置的驱动方法或驱动电路，不涉及显示装置的结构；G09F 是组合多部件显示，不涉及电泳显示面板的结构。因此，确定本案应分入的 CPC 小类为 G02F。

（二）选择组

1. 选择发明信息的组

相比 IPC，CPC 的 interleaved 版中的分类条目显著增加。在对具体条目的内容不熟悉的情况下，可以通过分级浏览的方式了解其涵盖的技术范围。

在前面确定小类时，已经注意到涉及电泳显示装置的小组为 G02F 1/167 这个二点组，通过逐级浏览该小组下面的分类号，可以看到其下位组均为插入的 2000 系列引得码。进一步浏览该插入的 2000 系列引得码，找到与发明信息相关的 2000 系列引得码 G02F 2001/1676，涉及特定的电极，该发明正是由于采用了特定的电极定位结构，因此发明信息 I1 的分类号确定为 G02F 2001/1676，但根据 CPC 的规则，2000 系列引得码只能作为附加信息给出，因此，本案的发明信息 I1 应以其上位的主干分类号 G02F 1/167 表示 CCI，而把 G02F 2001/1676 表示为 CCA。

G02F 1/167	··	基于电泳的
G02F 2001/1672	···	微杯型
G02F 2001/1674	···	包括干碳粉颗粒
G02F 2001/1676	···	具有特定的电极
G02F 2001/1678	···	具有特定的组合物或颗粒型

2. 选择附加信息的组

附加信息 A1。

附加信息 A1 涉及面内切换型（IPS）显示装置，而在 G02F 1/167 的下位组中并不涉及相关的分类位置，此时就需要参考 CPC 分类规则中的一个特殊规则，即 G02F 1/13 的小组也用来对电色和电泳装置中的一般设备特征进行分类。因此我们可以用面内切换液晶显示面板的分类位置，即 G02F 1/134363 来表示附加信息 A1。

G02F 1/134363	········	{用于施加平行于基片的电场，即共面切换（IPS）}

附加信息 A2。

进一步浏览 G02F 1/167 二点组的下位点组，找到与附加信息 A2 相关的 2000 系列引得码 G02F 2001/1678，涉及特定的组合物或颗粒型，而本案正是采用了特定的粒子类型，因此附加信息 A2 的分类号确定为 G02F 2001/1678。

附加信息 A3。

由于该发明的面板还可以与 LCD 层或其他类型的显示器（等离子体、OLED）相结合用作动态的滤色器，以实现更高亮度和更饱和的颜色，同时保持 LCD 显示器具有较快的响应速度的优点。因此在涉及液晶显示装置的小组 G02F 1/13 下，通过逐级浏览该小组下面的分类号，可以看到与附加信息 A3 相关的分类号为 G02F 1/13473，涉及用波长过滤或用于不带彩色马赛克过滤器的彩色显示器。因此附加信息 A3 的分类号即为 G02F 1/13473。

该发明的面板还可以与其他类型的显示器（等离子体、OLED）相结合用作动态的滤色器，而 CPC 的 interleaved 版仅将小于 2200 的细分分类插入在主干分类中，对于大于 2200 的垂直引得码，则一般放置在每一小类的最后面。浏览大于 2200 的 2000 系列垂直引得码，发现与之相关的分类位置为 G02F 2203/34。

G02F 2203/34	·	无需使用镶嵌彩色过滤器的彩色显示屏

六、确定完整的分类号

CCI：G02F 1/167
CCA：G02F 2001/1676
　　　G02F 2001/1678
　　　G02F 1/134363
　　　G02F 2203/34
　　　G02F 1/13473

七、CPC 分类启示

（1）CPC 中的特殊分类规则

CPC 分类时，每个领域都会有一些特殊规则，这些特殊规则和 IPC 分类规则有很大区别，在进行 CPC 分类时需要特别注意。例如，G02F 1/13 的小组也用来对"电色和电泳装置"中的一般设备特征进行分类，即电泳显示器的结构特征，也可以给出 G02F 1/13 下的相关分类号。本案在进行附加信息 A1 的 CPC 分类时就是参照了这一特殊规则，用面内切换液晶显示面板的分类位置 G02F 1/134363 来体现附加信息 A1。

（2）2000 系列引得码体现发明信息

该发明相对于现有技术的改进点在于特定的电极定位结构，其最佳的分类位置为细分的 2000 系列引得码 G02F 2001/1676（具有特定的电极）。但是，根据 CPC 的分类规则，2000 系列引得码只能标引在表示附加信息的 CCA 中，当发明信息的技术主题包含在 2000

系列细分小组中时，应将该2000系列引得码标引在表示附加信息的CCA中，同时将其上位的主干分类号标引在表示发明信息的CCI中。因此，该发明的发明信息I2表示在CCA中，即用细分的2000系列引得码体现发明信息。

（3）大于2200系列分类

在CPC分类表中，垂直引得码位于每一小类的最后面，因此往往容易被忽略。

相对于主干分类号，大于2200的垂直引得码从多个角度对技术主题进行细分，其中，G02F 2201/00的下位组涉及G02F 1/00到G02F 7/00未提及的结构布置，G02F 2202/00的下位组涉及材料和性质，G02F 2203/00的下位组涉及相关的功能特性，G02F 2413/00是与G02F 1/13363相关的分类表。

本案中，由于该发明的面板还可以与其他类型的显示器（等离子体、OLED）相结合用作动态的滤色器，而浏览大于2200的垂直引得码发现与之相关的分类位置G02F 2203/34（无需使用镶嵌彩色过滤器的彩色显示屏），因此给出该分类号。

案例 12　用于服务自动化工厂中的现场设备的系统和方法（G05B）

王鑫磊

一、专利文献（根据 CN102902243A 进行分类）

CN102902243A
US2013031249A1
DE102011079890A1

二、技术公开的内容提要

（一）现有技术

在过程自动化技术中，经常应用现场设备。现场设备用于记录和/或影响过程变量，传感器用于记录过程变量。现今，通常必须在计算单元中安装大量的软件对现场设备进行配置，从而使它能在集成的通信网络中工作。

（二）技术问题

出于为现场设备创建统一描述语言的目的，制造商在它的产品系列中提供大量的现场设备类型，导致获得设备描述非常耗时，并且根据安全性限制，此操作仅能够由管理员执行。

（三）技术方案

图 12-1 展示了一种用于在自动化工厂中服务现场设备（F1~F4）的系统，该系统经由通信网络 2 访问现场设备（F1~F4）的计算单元 1、通信硬件 3、服务器 4、用于电子设备描述（EDD）的解释器 5 和软件组件 6。其中服务器 4、用于电子设备描述（EDD）的解释器 5 和软件组件 6 与通信硬件 3 相关联；在事件发生时，软件组件 6 借助于扫描或者轮询来标识在通信网络 2 中布置的现场设备（F1~F4），并且利用现场设备（F1~F4）的标识，在解释器 5 中激活相应的电子设备描述（EDD）来服务现场设备（F1~F4），并且经由服务器 4 向计算单元 1 提供相应准备的信息。

本案发明还涉及一种在自动化工厂中服务现场设备的方法，该方法包括：把通信硬件 3 与通信网络 2 连接，其中通信网络 2 是自动化技术的现场总线；为了标示连接到通信网络 2 的现场设备（F1~F4），经由软件组织 6 进行扫描或者轮询；启动 web 服务器 4 和解释器 5；由服务器 4 来加载用于所标识的现场设备（F1~F4）的电子设备描述（EDD）；产生用于标识现场设备（F1~F4）的带有参数化/配置数据的网页（WP）；经由计算单元 1 来访问上述网页；经由计算单元 1 来服务所标识的现场设备（F1~F4）。

（四）技术效果

该系统/方法允许参数化配置各种设备类型，无需前期安装另外的软件。

（五）必要的附图（见图 12-1）

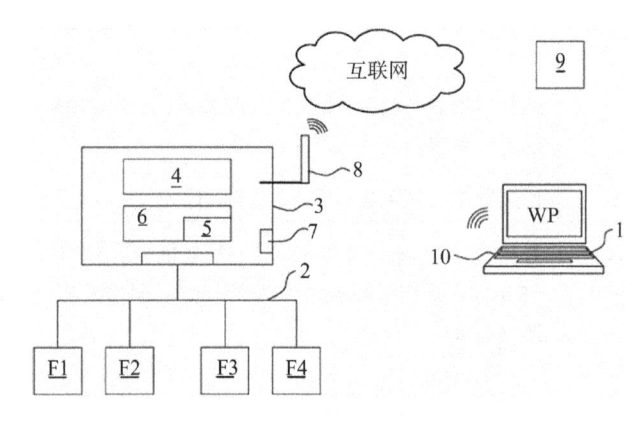

图 12-1 用于服务自动化工厂中现场设备的系统

三、确定待分类的技术主题

（一）涉及发明信息的技术主题

I1：在自动化工厂中服务现场设备的系统，即以协议为特征的现场设备控制系统。

I2：在自动化工厂中服务现场设备的方法，即对现场设备进行电子设备描述的数字处理方法。

I3：总线网络的配置（涉及 H04L）。

（二）涉及附加信息的技术主题

A1：现场设备。
A2：程序模块的配置。
A3：电子设备描述。

四、选择可能涉及的分类位置

针对涉及发明信息的技术主题，选择可能涉及的分类位置 G05B19、H04L41。

五、分析并选择分类号

1. 发明信息的技术主题 I1、I2 和 I3
在 CPC 的相关位置查找合适的细分位置。

G05B 19/00		程序控制系统（特殊应用见有关位置，例如 A47L15/46；附带或内装有在预定时间间隔操作任一器件的装置的时钟入 G04C 23/00；记录或读取数字信息的记录载体入 G06K；信息存储器入 G11；在程序执行完了后自动终止其运行的时间或时间程序开关入 H01H 43/00）
G05B 19/02	·	电的
G05B 19/04	··	除数字控制外的程序控制，即顺序控制器或逻辑控制器（G05B 19/418 优先；数字控制入 G05B 19/18）
G05B 19/042	···	使用数字处理装置（G05B 19/05 优先）
G05B 19/418	··	全面工厂控制，即集中控制许多机器，例如直接或分布数字控制（DNC）、柔性制造系统（FMS）、集成制造系统（IMS）、计算机集成制造（CIM）
G05B 19/4185	···	{以网络通信为特征的}
G05B 19/41855	····	{按局域网（LAN），网络结构}
G05B 19/4186	····	{按协议，例如制造自动化协议，传输控制协议}
G05B 2219/25428	···	现场设备
G05B 2219/32137	···	结合不同的程序模块的配置，连接
G05B 2219/32144	···	使用 DD 文件定义设备描述
H04L 41/00		{分组交换网络的维护、操作或管理设备}
H04L 41/08	·	{网络或网络部件的配置管理（用于特殊网络环境中终端设备的远程控制的专用应用协议入 H04L 67/125；特别适用于无线网络的自动配配入 H04W 24/02）}
H04L 41/0803	··	{网络或网络元件的配置设置（涉及软件或网络应用配置参数的调用的网络应用通信协议入 H04L 67/34）}

该发明涉及一种在自动化工厂中服务现场设备的系统和方法。针对发明信息的技术主题 I1，该系统是以协议为特征的现场设备控制系统，并且是以数字处理装置作为程序控制装置，因此可以选择 G05B 19/042（使用数字处理装置）和 G05B 19/4186（按协议，例如制造自动化协议、传输控制协议）作为发明信息给出；针对发明信息的技术主题 I2，

由于分类表中没有设置自动化工厂中服务现场设备的方法的分类位置，因此，给出执行该方法的程序控制系统的位置，即 G05B 19/042 和 G05B 19/4186；针对发明信息的技术主题 I3，其涉及通信网络及通信元件的配置，可选择 H04L 41/0803（网络或网络元件的配置设置）。

2. 附加信息的技术主题 A1、A2 和 A3

该发明还涉及现场设备、程序模块配置以及电子设备描述等附加信息的内容，所以可以分别选择 G05B 2219/25428（现场设备）、G05B 2219/32137（结合不同的程序模块的配置，连接）、G05B 2219/32144（使用 DD 文件定义设备描述）作为附加信息给出。

六、确定完整的分类号

针对待分类的技术主题最终给出的完整分类号如下：
CCI： G05B 19/042
　　　 G05B 19/4186
　　　 H04L 41/0803
CCA： G05B 2219/25428
　　　 G05B 2219/32137
　　　 G05B 2219/32144

七、CPC 分类启示

（1）CPC 分类表的设置比 IPC 分类表更为细致。以该发明为例，涉及全面工厂控制的技术主题，在 IPC 中仅有 G05B 19/418 一个分类位置，但 CPC 分别针对该技术主题不同的技术细节设置了细分位置，分类时应注意分到最合适的细分位置。

（2）该发明涉及多个技术主题，既涉及一般过程控制的数字处理系统和方法，也涉及制造中的现场设备，因此需要针对多个技术主题分别给出分类位置。

（3）注意交叉领域。该发明除了涉及控制领域外，也涉及通信领域，应当进行多重分类。

案例 13　用自适应和重定目标进行视频字幕重新覆盖的系统和方法（G06T）

郑　亮

一、专利文献（根据 CN103503455B 进行分类）

WO2012149822A1
US2012281139A1
US8754984B2
KR20130140904A
CN103503455B
EP2695381A4

二、技术公开的内容提要

（一）现有技术

说明字幕是电影和电视节目中的对话的文字版本，通常显示在屏幕的底部。这些说明字幕可以是外语对话的书面翻译，也可以是同种语言对话的书面呈现。还可用添加或未添加信息来帮助耳聋或耳背的观众来理解对话，或者协助那些无法理解口语对话或有口音识别问题的人。

（二）技术问题

在视频自适应和重定目标至诸如移动电话等小屏幕装置的过程中，高分辨率视频经过尺寸缩减而成为低分辨率视频，从而适合于小型显示器，而覆盖字幕也会与视频内容的其余部分一起缩减，因此覆盖字幕文本可能会变得过小而不可读。

（三）技术方案

如图 13-1 的流程图所示，一种针对视频自适应和重定目标进行视频字幕重新覆盖的方法，该方法将从输入高分辨率视频中获得的高分辨率字幕文本重新覆盖到尺寸缩减的视频上。首先使用基于计算机视觉的检测算法来检测字幕文本；随后从视频帧中获得检测到的字幕文本以进行单独处理，例如进行对比度调整；在视频帧重调大小而变得较小之后，将经过适当重调大小和重新布局之后的字幕文本覆盖回到重调尺寸的视频帧上。

案例13　用自适应和重定目标进行视频字幕重新覆盖的系统和方法（G06T）　61

该发明还涉及一种针对视频自适应和重定目标进行视频字幕重新覆盖的系统，该系统可以实现上述方法。

如图13-2所示，该发明还涉及从云端到移动端对移动端显示的视频分辨率进行调整的系统；但是，由于仅简单描述了整个系统的基本组成和功能，未明确披露技术细节，因此可将其作为对检索有益的附加信息的技术主题。

（四）技术效果

该发明的方法和系统使字幕文本的尺寸缩减比小于视频帧的尺寸缩减比，因此，与常规统一减小字幕和视频帧的情况相比，会在尺寸缩减的视频上形成按比例更大且更加可见的字幕文本。

（五）必要的附图（见图13-1、图13-2）

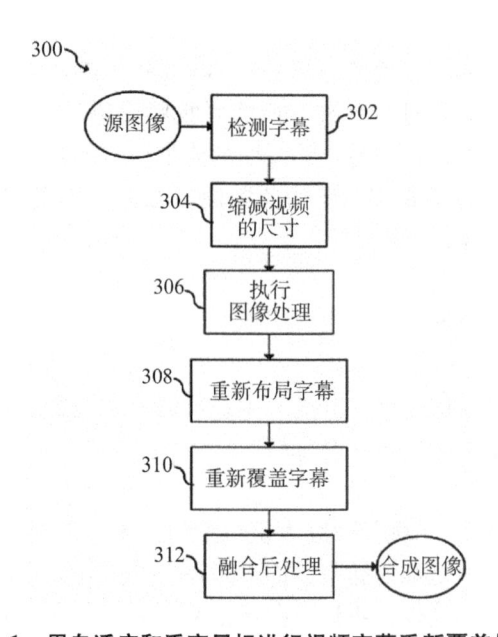

图13-1　用自适应和重定目标进行视频字幕重新覆盖的方法

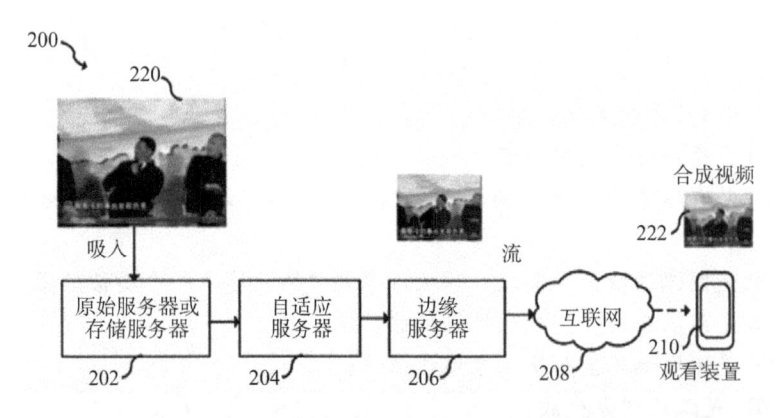

图13-2　从云端到移动端对移动端显示的视频分辨率进行调整的系统

三、确定待分类的技术主题

（一）涉及发明信息的技术主题

I1：针对视频自适应和重定目标进行视频字幕重新覆盖的方法。
I2：针对视频自适应和重定目标进行视频字幕重新覆盖的系统。

（二）涉及附加信息的技术主题

A1：从云端到移动端对移动端显示的视频分辨率进行调整的系统。

四、选择可能涉及的分类位置

CPC 分类表中与图像处理相关的分类号有 G06K 9、G06T 和 H04N。该发明的发明信息的技术主题涉及对单帧图像进行处理，而非对视频流进行处理，因此应包括在 G06 计算机领域的图像处理的范围内；同时，该发明的附加信息的技术主题涉及从云端到移动端的视频流的处理，因此应包括在 H04N 的范围内。综上，该发明可能涉及的分类位置有 G06K 9/00、G06T 及 H04N 7。

五、分析并选择分类号

选择具体分类位置时，应当结合分类表中设置的分类位置的范围、专利文献披露的发明信息和附加信息的技术主题进行综合分析。

1. 小类的选择

从分类表的设置角度看，G06K9/00 大组包括的技术主题是图像处理之后得到语义标签，例如是不是人类的脸，是谁的脸等；而 G06T 是一般图像的处理或产生，例如对图像各种的特征参数进行分析和处理，不涉及图像语义的分析。该发明是对视频帧源图像及其字幕尺寸参数的处理，不涉及识别源图像或文字的具体语义或内容，因此应分入 G06T 小类。

2. 大组的选择

G06T 包括的大组及技术解析如下：
G06T 1/00 是通用图像数据处理；
G06T 3/00 是在图像平面内的图形图像转换，例如，从位像到位像地建立一个不同图像；
G06T 5/00 是图像的增强或复原，如从位像到位像地建立一个类似的图形；
G06T 7/00 是图像分析，例如从位像到非位像；
G06T 9/00 是图像编码，如从位像到非位像；
G06T 11/00 是二维图像生成；
G06T 13/00 是动画；

案例13　用自适应和重定目标进行视频字幕重新覆盖的系统和方法（G06T）　　63

G06T 15/00 是三维图像渲染；

G06T 17/00 是三维建模，例如3D对象的数据描述；

G06T 19/00 是操作3D模型或图像的计算机图形。

G06T 1/00、G06T 3/00、G06T 5/00涉及图像到图像的处理，即对源图像进行图像处理之后得到的对象也是图像；"G06T 7/00 图像分析"是图像到参数的处理，即从图像中获取参数，例如从图像中探测物体的位置，分析图像的颜色、纹理等；G06T 9/00 是图像到编码的处理；G06T 11/00 是数据到图像的处理；G06T 13/00 是动画的处理或产生；G06T 15/00、G06T 17/00、G06T 19/00 是三维图像的处理。该发明对视频帧的源图像及其字幕进行处理后合成目标图像，因此是图像到图像的处理，应该在 G06T 1/00、G06T 3/00、G06T 5/00 大组中选择。其中，G06T 1/00 是通用图像处理，例如处理器、存储器管理；G06T 3/00 强调得到不同的图像，所谓不同图像的判断标准是像素是否有几何移动；G06T 5/00 大组得到处理之后的图像与源图像是相似的，即图像内容的位置是没有变化的，只是图像更清晰。该发明是将字幕从视频单帧中检测出来，对图像和字幕按照不同的比例缩放，并再次将字幕和图像合成新的视频帧，这样即使使用者在使用较小屏幕的电子设备播放视频，字幕依然是清晰的。从技术角度分析是图像经过处理之后得到了不同的图像，因此，该发明应分类入 G06T 3/00 大组。

3. 小组的选择

发明信息"单独对获得的字幕文本以及所述视频帧的剩余部分进行重调大小以及将重调大小的字幕文本覆盖回到重调大小的视频帧上"本质上是对图像的重定位。G06T 3/0012 的分类定义规定："根据一个价值图选择性变形；智能图像减少。接合分割；液相调整大小；图像重定位"；显然，G06T 3/0012 包括了图像重定位的技术主题，因此应该首先给出 G06T 3/0012。同时，G06T 3/40 的分类定义规定："重采样；分辨率转换；缩放或扩展或放大或扩大或增大；收缩或减少或压缩或缩减；棱锥体分区；存储子采样的副本；基于区域或加权插值法；通过曲面拟合缩放，例如分段多项式曲面和B样条或Beta样条；两步图像缩放，例如通过拉伸"。该发明将字幕分割出来与视频图像根据不同的比例变化，最后再合成新的图像，涉及了对字幕的缩放，因此，应该对发明信息的技术主题进行多方面分类，分入 G06T 3/40 这个小组中；且因为没有涉及采用何种手段进行缩放的具体技术细节，因此无需进一步分类入下位细分组。综上，该发明的发明信息的技术主题分类入 G06T 3/0012 和 G06T 3/40。

值得注意的是，G06T 3/00 大组没有设置 2000 系列引得码。另外，虽然 G06T 3/00 大组的类名是"在图像平面内的图形图像转换，例如，从位像到位像地建立一个不同图像"，但是随着更多的细分组被创建，分入该大组的文献已经不再限于图像在平面中的转换，也可以是3D图像，在分类和检索时应该注意。

对于附加信息的技术主题"调整从云端到移动端移动视频的分辨率"可以分类入 H04N 7/0122。

H04N 7/00	电视系统（结构部件入 H04N 3/00，H04N 5/00；用于数字视频信号的压缩、解压缩、编码、解码方法及装置入 H04N 19/00；立体电视系统入 H04N 13/00；可选的内容分发入 H04N 21/00）

续表

H04N 7/01	·	制式的转换{包括在像素级别处理的模拟电视标准或数字电视标准（视频转码入H04N 19/40；一般的图像定标入G06T 3/40；使输入信号适应显示终端的显示格式入G09G 5/005）}
H04N 7/0117	··	{包括输入视频信号的空间分辨率转换（用于图示影像的入G09G 2340/0407）}
H04N7 /0122	···	{输入和输出信号有不同的长宽比}

六、确定完整的分类号

CCI：G06T 3/0012
　　　G06T 3/40
CCA：H04N 7/0122

七、CPC分类启示

（1）选择分类位置时，应该了解分类表的基本设置思路，根据文献的具体内容并结合分类表的设置，可以迅速地在分类表中定位，这样可以事半功倍。在阅读理解文献时，应以权利要求为指引并结合说明书等进行全面的理解。重视附图的作用，可以帮助我们更好的理解技术方案，尤其是在关于图像处理的申请中。

（2）从专利文献所解决的技术问题出发，结合技术方案和有益效果提取发明信息；在提取发明信息的过程中还要考虑是否可以从不同的角度进行考虑，进行多方面分类，即一个发明信息的技术主题可能涉及多个分类位置，再结合分类位置的范围以及交叉领域技术划界最终确定的分类位置。

（3）重视CPC分类定义的作用。影响分类位置范围的因素有类名、附注和参见；分类定义对分类表进行了补充说明，使得分类位置范围更加清晰；在选择分类位置时要综合考虑以上因素。

案例 14　用于跌倒检测及报警的方法和装置（G08B）

董　谦

一、专利文献

CN102216963A

二、技术公开的内容提要

（一）现有技术

现有可佩戴的多模态跌倒检测器，使用加速度计和气压计来增加跌倒检测的可靠性。根据气压计测量得到的气压，可以得到跌倒过程中跌倒检测器的高度变化。

（二）技术问题

气压计对诸如暴风雨等恶劣的天气条件很敏感。由于气压计的可靠性，使得这种跌倒检测器的检测结果会受到天气的干扰。

（三）技术方案

如图 14-1 所示，用于借助报警消息指示用户跌倒的装置包括：接收单元，其被配置成接收在用户身上佩戴的跌倒检测器发送的第一报警消息，第一报警消息指示与用户关联的跌倒事件是否发生，第一报警消息是根据跌倒检测器所检测到的气压数据和用户运动数据确定的，接收单元也接收由跌倒检测器发送的第二报警消息，第二报警消息指示与用户关联的跌倒事件是否发生，第二报警消息是根据跌倒检测器所检测到的用户运动数据确定的；获取单元，其被配置成获得天气数据，天气数据反映用户所在区域的天气状况；确定单元，其被配置成基于天气数据和预定的标准确定第一报警消息是否可靠；输出单元，其被配置成当第一报警消息被确定为可靠并且指示跌倒事件发生时，产生并输出跌倒报警，输出单元还被配置成当第一报警消息被确定为不可靠并且第二报警消息指示跌倒事件发生时，产生并输出跌倒报警。天气数据包括气压、温度、湿度、风力和风速中的任意一个，并且预定的标准包括针对相应天气数据的至少一个阈值，用于确定天气状况是否良好。

（四）技术效果

避免检测结果受到天气的干扰，避免漏报警或误报警。

(五) 必要的附图 (见图 14-1)

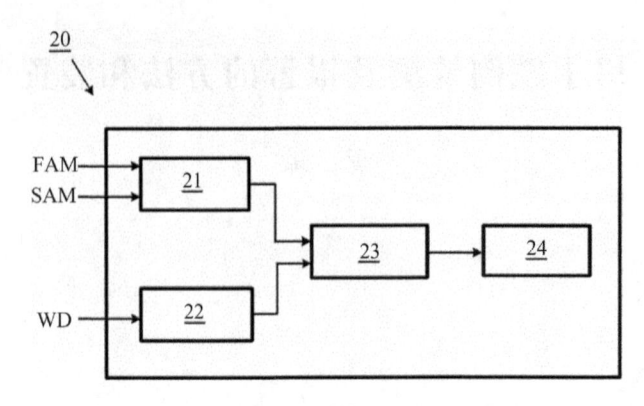

图 14-1 用于跌倒检测及报警的方法和装置

三、确定待分类的技术主题

(一) 涉及发明信息的技术主题

I1：技术主题是跌倒报警器。技术主题的一个方面是根据跌倒检测器所检测到的气压数据和用户运动数据确定报警消息，指示与用户关联的跌倒事件；另一个方面是跌倒检测器佩戴在用户身上，检测用户运动数据。

(二) 涉及附加信息的技术主题

无。

四、选择可能涉及的分类位置

针对涉及发明信息的技术主题，选择可能涉及的分类位置 G08B 21。

五、分析并选择分类号

在 CPC 分类表 G08B21 大组中查找合适的细分位置。

G08B 21/04	..	响应无活动能力的报警器，例如老年人的（G08B 21/06 优先）
G08B 21/0407	...	{在行为分析的基础上}
G08B 21/0415	....	{探测本身活跃性的缺乏}
G08B 21/0423	....	{从预期图形探测行为或进度表的偏差}
G08B 21/043	....	{探测紧急事件，例如跌倒}

续表

G08B 21/0438	...	{探测的传感器装置}
G08B 21/0446	....	{穿戴在身体上探测姿态改变的,例如跌倒、倾斜、加速度、步态}
G08B 21/0453	....	{穿戴在身体上通过生理监视检测健康状况的,例如心电图、体温、呼吸(用于诊断目的的检测、测量或记录入A61B5)}
G08B 21/0461	....	{不穿戴在身体上的一体化或附加在贴近人体的对象上的,例如椅子、手杖、床探测器}
G08B 21/0469	....	{检测不安全条件的存在探测器,例如红外传感器、扩音器(G08B 21/0476优先)}
G08B 21/0476	....	{检测不安全条件的照相机,例如摄影机}
G08B 21/0484	....	{监测公用事业的消耗或监测消耗公用事业器具的使用来探测不安全条件,例如计量水、气或电,使用水龙头、盥洗室冲水、煤气炉或电热水壶}
G08B 21/0492	....	{双重传感器技术,例如两个或多个技术合作提取不安全条件,例如视频跟踪和RFID跟踪}

发明信息技术主题I1的一个方面(根据跌倒检测器所检测到的气压数据和用户运动数据确定报警消息,指示与用户关联的跌倒事件)涉及在行为分析的基础上探测紧急事件(如跌倒),因此选择G08B 21/043。

发明信息的技术主题I1的另一个方面(跌倒检测器佩戴在用户身上,检测用户运动数据)涉及穿戴在身体上的传感器装置探测姿态改变的(如跌倒),因此选择G08B 21/0446。

六、确定完整的分类号

针对待分类的技术主题最终给出的完整分类号如下:
CCI: G08B 21/043
　　　G08B 21/0446

七、CPC分类启示

(1) CPC分类表设置得比IPC分类表更为复杂。以该发明为例,涉及跌倒报警的位置有G08B 21/043和G08B 21/0446两个位置,在分类时应注意全面考虑,以免遗漏发明信息。

(2) 值得注意的是,尽管G08B 21大组中设置了G08B 21/0407和G08B 21/0438这两个位置,但EPO在实际分类时并不使用这两个位置。

(3) 注意交叉领域。分类位置G08B 21/0453涉及穿戴在身体上通过生理监视检测健康状况的报警,用于诊断目的的检测、测量或记录分类入A61B 5,例如A61B 5/1117涉及跌倒检测。

案例 15　基板清洗方法、基板清洗装置以及真空处理装置（H01L）

宁永怀

一、专利文献（根据 CN104137233A 进行分类）

WO2013128870A1
CN104137233A

二、技术公开的内容提要

（一）现有技术

在半导体制造中，利用高压气体团簇对基板进行清洗，其原理是利用气体团簇的物理剪切力施加到微粒与基板之间而将微粒自基板的表面剥离。

（二）技术问题

使用相同气体团簇的喷嘴对基板进行清洗，由于微粒大小不同会存在微粒去除率忽高忽低的情况。此外，在去除率较低的情况下如果通过增大气体团簇的加速电压来提高气体团簇的动能，可能会对基板表面造成损伤。

（三）技术方案

一种基板清洗方法，用于去除附着于基板的微粒（如图 15-1 所示），其特征在于，该基板清洗方法包括：①取得与附着于基板的微粒有关的、包括粒径在内的微粒信息；②根据由上述工序取得的微粒信息，对清洗用气体的气体团簇的粒径进行调整；③自压力比基板所处的处理气氛的压力高的区域向处理气氛喷射上述清洗用气体、通过绝热膨胀生成上述气体团簇；④将上述气体团簇向基板的表面垂直地照射而去除微粒。

一种基板清洗装置（如图 15-2 所示），其用于去除附着于基板的微粒，其特征在于，该基板清洗装置包括：清洗处理室，其用于载置基板，在真空气氛下进行基板的清洗处理；喷嘴部，其用于自压力比上述清洗处理室的处理气氛的压力高的区域向上述清洗室内的基板喷射清洗用气体，通过绝热膨胀生成清洗用气体团簇；以及控制部，其用于根据附着于基板的微粒有关的、包括粒径在内的微粒信息调整气体团簇的粒径；喷嘴部以将上述气体团簇向基板表面垂直照射的方式设定。

案例15 基板清洗方法、基板清洗装置以及真空处理装置（H01L）

（四）技术效果

取得与附着于基板的微粒有关的、包括粒径在内的微粒信息，根据该信息来调整与气体团簇的粒径有关的因素并将气体团簇向基板的表面垂直照射。因此，能够利用具有与微粒的粒径相匹配的粒径的气体团簇来进行清洗处理，其结果，即使基板的表面有凹部图案，也能够以较高的去除率去除凹部内的微粒。

（五）必要的附图（见图15-1、图15-2）

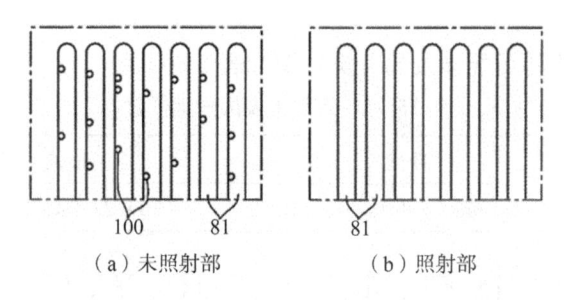

图15-1 基板清洗方法、基板清洗装置以及真空处理装置（1）

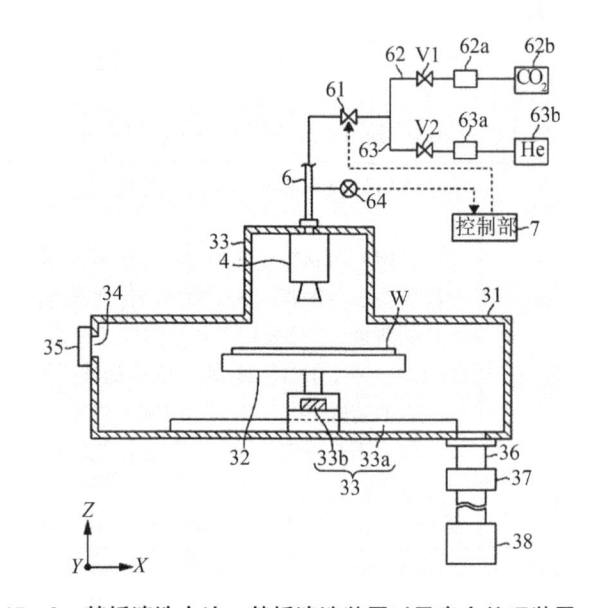

图15-2 基板清洗方法、基板清洗装置以及真空处理装置（2）

三、确定待分类的技术主题

（一）涉及发明信息的技术主题

I1：获取基板上微粒的粒径信息，并利用相应大小粒径的气体团簇来进行清洗基板的方法。

I2：获取基板上微粒的粒径信息，并利用相应大小粒径的气体团簇来进行清洗的基板清洗装置。

（二）涉及附加信息的技术主题

A1：在清洗中获取基板上微粒的粒径信息。

四、选择可能涉及的分类位置

发明信息的技术主题可能涉及的分类位置如表 15-1 所示。

表 15-1　可能涉及的分类位置

技术主题	查询	相关 CPC 分类位置
I1	Cleaning、substrate、gas	H01L 21/02、H01L 21/67，B08B 5/

附加信息的技术主题可能涉及的小类为 H01L 和 G01 相关小类。

五、分析并选择分类号

1. 发明信息的技术主题 I1

查阅 H01L 21/02、H01L 21/67、B08B 5/三个分类号的相关类名，具体如下：

H01L 21/02	·	半导体器件或其部件的制造或处理
H01L 21/67	·	专门适用于在制造或处理过程中处理半导体或电固体器件的装置；专门适合于在半导体或电固体器件或部件的制造或处理过程中处理晶片的装置；{非专用于其他位置的设备（工艺本身 H01L 21/30，H01L 21/46，H01L 23/00；简单的临时支撑装置，如使用黏合剂，电或磁的装置 H01L 21/68，H01L 21/302；制造用于连接或断开为半导体或固态器件的设备和与之相关的方法 H01L 24/74)}
B08B 5/00		利用空气流或气体流的清洁方法（B08B 6/00 优先）

通过对比，H01L 21/是半导体制造相关的分类位置，B08B5/为气体清洗方法的位置。继续浏览 H01L 21/02，相关分类位置如下。

H01L 21/00		适用于制造或处理半导体或固体器件或其部件的方法或设备
H01L 21/02	·	半导体器件或其部件的制造或处理
H01L 21/02002	··	{预备晶片}
H01L 21/02041	··	{清洗}
H01L 21/02104	··	{形成层（一般的沉积 C23C，一般的晶体生长 C30B）}

案例 15　基板清洗方法、基板清洗装置以及真空处理装置（H01L）

续表

H01L 21/027	··	未在 21/18 或 21/34 组中包括的为进一步的光刻工艺在半导体之上制作掩膜
H01L 21/04	··	至少具有一个跃变势垒或表面势垒的器件，例如：PN 结、耗尽层、载体集结层
H01L 21/62	··	无跃变势垒或表面势垒的器件
H01L 21/64	·	不限于列入 H01L 31/00 至 H01L 49/00 和 H01L 51/00，各组的单个器件所使用的非半导体器件的固体器件或其部件的制造或处理

发现 H01L 21/02 下设置了明确的清洗半导体器件的位置，该位置相对于 B08B 5/而言为更应用的分类位置，所以考虑在 H01L 21/02041 下选择分类位置，而不选择 B08B 5/。

继续浏览 H01L 21/02041，相关分类位置如下。

H01L 21/02041	··	{清洗}
H01L 21/02043	···	{在器件制造之前的清洗，即前段工艺}
H01L 21/02057	···	{器件制造过程中的清洗}
H01L 21/02076	···	{衬底被分离后的清洗}
H01L 21/02079	···	{为回收的清洗}
H01L 21/02082	···	{要清洗的产品}
H01L 21/02096	···	{只是机械清除}
H01L 21/02098	···	{只使用激光，比如激光烧蚀}
H01L 21/02101	···	{只使用超临界流体}

继续浏览 H01L 21/02041，对比 H01L 21/02041 下的八个细分三点组，发现 H01L 21/02057 包括发明信息的技术主题 I1。说明书的实施例中明确了该发明是在制作电路图案的通孔过程中的清洗。由此确定 H01L 21/02063 为最符合发明信息的技术主题 I1 的分类号。

H01L 21/02057	···	{器件制造过程中的清洗}
H01L 21/0206	····	{在制作绝缘材料之中、之前或之后的}
H01L 21/02063	·····	{在制作通孔或接触孔工艺中}
H01L 21/02065	·····	{在绝缘层的平面化工艺中}

2. 发明信息的技术主题 I2

继续浏览 H01L 21/67。

通过类似的方法对 H01L 21/67 的逐级浏览，发现 H01L 21/67028 为符合该发明清洗装置主题 I2 的合适分类位置。

H01L 21/67	·	专门适用于在制造或处理过程中处理半导体或电固体器件的装置；专门适合于在半导体或电固体器件或部件的制造或处理过程中处理晶片的装置
H01L 21/67005	··	{非专用于其他地方的设备（工艺本身 H01L 21/30，H01L 21/46，H01L 23/00；简单的临时支撑装置，如使用黏合剂，电或磁的装置 H01L 21/68，H01L 21/302）}
H01L 21/67011	···	{制造或处理装置（工艺 H01L 21/30，H01L 21/46；单晶或同质多晶材料的后处理或制造 C30B 35/00）}
H01L 21/67017	····	流体处理装置（H01L 21/67126，H01L 21/6715 优先）
H01L 21/67023	·····	{常用的液体处理，比如蚀刻工艺后的清洗}
H01L 21/67028	······	{清洗后的干燥，冲刷，脱模，吹净}
H01L 21/67034	·······	{干燥}
H01L 21/6704	······	{湿法清洗或洗涤}

对比待分类主题，确定 H01L 21/67028 包含该文献技术主题 I2。

3. 附加信息的技术主题 A1

H01L 22/00 为在制造或处理过程中的测试或测量。

G01 为一般的测量测试。

对比 H01L 22/00（为在制造或处理过程中的测试或测量）和 G01（一般的测量测试）这两个分类号，发现 H01L 22/00 大组相对于 G01 明显为更专用的位置，所以放弃 G01。

继续浏览 H01L 22/00。

采用类似的逐级浏览方法，继续浏览 H01L 22/00，并结合说明书的内容。该发明是对粒径信息的检测，所以选择 H01L 22/12 作为该发明附加信息的分类号，具体如以下的标线框中的部分。

H01L 22/00		{在制造或处理过程中的测试或测量；可靠性测量，即后续没有改变该部件的工艺的部件的测试；结构布置}
H01L 22/10	·	{测量作为制造工艺的一部分（预烧入 G01R 31/28C8）}
H01L 22/12	··	{对于结构参数，例如，厚度、线宽度、折射系数、温度、弯曲、结合强度、缺陷、光学检查、结构尺寸的电测量、扩散的冶金学测量（扩散的电学测量入 H01L 22/14）}
H01L 22/14	··	{对于电学参数，例如，电阻、纵深水平、CV、通过电学方式的扩散}

六、确定完整的分类号

最终确定的完整分类号如下：
CCI： H01L 21/02063
　　　 H01L 21/02046
　　　 H01L 21/67028
CCA： H01L 22/12

七、CPC 分类启示

（1）注意 CPC 分类表中相比较于 IPC 分类表增加的专用分类位置

由于 CPC 分类表相比较于 IPC 分类表条目较多，各小组划分比较细，一些技术上比较专的领域在 CPC 分类表中设置了自己专用的分类位置，分类时要注意查找这些专用分类位置，如果有专用分类位置，要优先选择专用分类位置。

（2）注意分类表的等级结构

在半导体领域，CPC 的细分位置相对于 IPC 增加较多，很多位置类名比较接近甚至完全相同，要注意按照分类表的等级结构查找核实分类位置。例如，在该发明中，"H01L 21/02046 ···· 只是干洗"这一位置似乎也非常符合该发明的要求，之所以没有作为该发明合适分类号，是因为 H01L 21/02046 的上位点组是制造前的清洗位置。而该发明为制造中的清洗，所以该分类号并不符合该发明的技术主题。

案例 16　在网络中执行 DNS 解析的方法、内容分发系统和相应的客户端终端（H04L）

刘京涛

一、专利文献（根据 CN104303489A 进行分类）

WO2013164007
CN104303489A
EP2803182
US2015134730

二、技术公开的内容提要

（一）现有技术

内容交付网络或内容分发网络（CDN）是服务器的大型分布式系统，用于存储内容并通过高可用性和高性能为最终用户提供对该内容的访问权限。当前，内容交付网络通常基于通过 DNS（域名系统）进行的对主机名的域名解析，从而将用户指向用于访问或下载所请求的内容的最合适的服务器。其中，由权威 DNS 服务器接收针对特定域的 DNS 请求，所述 DNS 服务器由负责所需域的 CDN 控制。最先进的技术是通过将传入请求的 DNS 解析器（位于权威 DNS 服务器处）的源 IP 地址映射到区域（假设最终用户客户端在该区域中）来接近最终用户位置。

（二）技术问题

上述类型的系统欠佳，其原因为用户越来越多地配置公共托管的 DNS 服务，以及 ISP 使用的递归 DNS 解析器通常不接近最终用户。为了克服这一缺点，建议修改用于解析主机名 IP 地址的 DNS 协议，具体方法是将客户端终端的 IP 地址添加至 DNS 协议而不考虑 IP 解析请求的初始 IP 地址，或添加至少一个子网络标识信息，从而允许对用户区域的标识以增强 IP 地址解析并增强对用户的引导以及使其转至更为合适的服务器进行下载。在 CDN 场景中，该信息可能仍然不足以实现最佳代理/缓存选择。

（三）技术方案

在内容分发网络中执行 DNS 解析的方法（如图 16-1 所示），包括客户端终端向 DNS

案例 16　在网络中执行 DNS 解析的方法、内容分发系统和相应的客户端终端
（H04L）

域名服务器发送 DNS 请求以及所述 DNS 域名服务器通过向所述客户端终端发送 DNS 响应来响应所述 DNS 请求，其中，将所述 DNS 请求中有关所述客户端终端位置的信息连同所述客户端终端的动态状态信息一起传送至所述 DNS 域名服务器，其 DNS 域名服务器根据所述所传送的有关所述客户端终端的信息生成所述 DNS 响应。此外，该发明还公开了相应的内容分发系统和用于在内容分发系统中进行部署的客户端终端。

（四）技术效果

改善和进一步开发用于在网络中执行 DNS 解析的最初类型的方法，以实现最佳代理/缓存选择。

（五）必要的附图（见图 16-1）

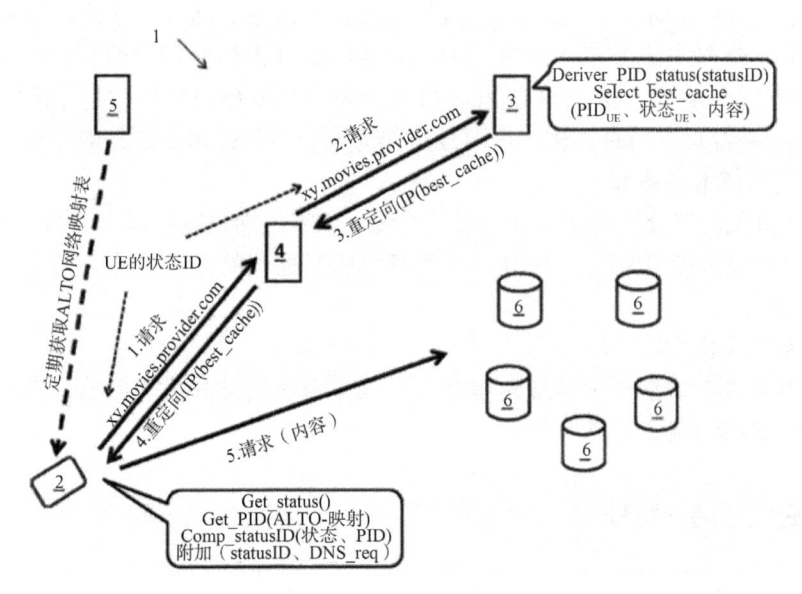

图 16-1　在网络中执行 DNS 解析的方法、内容分发系统和
用于在内容分发系统中进行部署的客户端终端

三、确定待分类的技术主题

（一）涉及发明信息的技术主题

I1：在内容分发系统中执行 DNS 解析方法。
I2：内容分发系统中的客户端配置。

（二）涉及附加信息的技术主题

A1：在内容分发系统中执行 DNS 解析中地址的缓存。

四、选择可能涉及的分类位置

该案可能涉及的分类位置有 H04L 61/00（用于寻址或命名的网络装置或网络协议）大组下的分类位置以及 H04L 67/00（特定网络设备或支持网络应用的协议）大组下的分类位置。

五、分析并选择分类号

1. 发明信息技术主题 I1

通过阅读该专利文献，可以确定该发明涉及域名系统的解析方法。其区别于现有技术的改进点在于在 DNS 请求中，有关客户端终端位置的信息连同客户端终端的动态状态信息一起传送至 DNS 域名服务器。其中，DNS 域名服务器根据所传送的有关所述客户端终端的信息生成 DNS 响应。根据这些内容可以选择 H04L 61/1511（使用域名系统）和 H04L 61/609（涉及地理信息，例如房间号）作为发明信息技术主题分类号。

2. 发明信息技术主题 I2

该发明还涉及内容分发网络中客户端的配置。该客户端是通过客户端的位置信息进行配置的，所以可以选择 H04L 67/1021（基于客户和服务器的位置）来作为发明信息技术主题分类号给出。

3. 附加信息技术主题 A1

该发明涉及的 DNS 解析中地址的缓存，可以作附加信息分类号给出，即可以给出分类号 H04L 61/6009（地址的缓存）。

六、确定完整的分类号

CCI： H04L 61/1511
　　　H04L 61/609
　　　H04L 67/1021
CCA： H04L 61/6009

七、CPC 分类启示

该发明给出的 CPC 分类号的大组 H04L 61 以及 H04L 67 在 IPC 分类体系中并不存在，是 CPC 分类体系新增加的大组。H04L 61 对应 IPC 的 H04L 29/12，H04L 67 对应 IPC 的 H04L 29/08，即原来 IPC 分入 H04L 29/12 的技术主题在 CPC 分类体系中一律分入大组 H04L 61 下面，原来 IPC 分入 H04L 29/08 的技术主题在 CPC 分类体系中一律分入大组 H04L 67 下面，且 H04L 29/12 和 H04L 29/08 在 CPC 中一般不使用了，这需要在分类时特别注意。

案例 17 传输码流 TS 的安全传输方法和装置（H04N）

李　玲

一、专利文献（根据 CN102164319A 进行分类）

CN102164319A
EP2696594A4
US2014093075A1
WO2012136152A1

二、技术公开的内容提要

（一）现有技术

为了确保有线电视增值业务的正常收益，现有技术提出了有条件接收（CA）。目前 CA 解扰方案主要为 CA 片内集成方案，但是这种方案无法兼容不同的运营商，为此，现有技术提供两种方案：一种为机卡分离，另一种为 CA 板级集成方案。

（二）技术问题

现有技术的两种方案中，两个设备之间传输的 TS 是透明的，这严重影响了 TS 传输的安全性。

（三）技术方案

一种传输码流 TS 的安全传输方法（如图 17-1、图 17-2、图 17-3 所示），该方法应用于数字电视广播系统的接收端：包括所述接收端中的第一设备（客户端内智能卡）接收到 TS 后，使用已与所述接收端中的第二设备（客户端机卡分离主机端）协商的密钥，并利用已确定的加密算法对接收的 TS 进行加密，发送加密后的 TS 至所述接收端中的第二设备；所述第二设备接收到所述 TS 后，使用所述密钥，并利用与所述加密算法对应的解密算法对该接收的 TS 进行解密。

一种传输码流 TS 的安全传输装置（如图 17-1、图 17-2、图 17-3 所示），该装置包括：第一设备（客户端内智能卡）和第二设备（客户端机卡分离主机端）；其中，第一设备接收到 TS 后，使用已与所述接收端中的第二设备协商的密钥，并利用已确定的加密算法对接收的 TS 进行加密，发送加密后的 TS 至所述接收端中的第二设备；第二设备接收到所述第一设备发送的 TS 后，使用所述密钥，并利用与所述加密算法对应的解密算法对该接收的 TS 进行解密。

(四) 技术效果

该发明在接收端接收到 TS 后,进一步对该 TS 进行加密,这保证了 TS 流安全到达接收端视频解码芯片,防止视频在电视接收端中被盗版者所复制,保证了传输 TS 流的安全性。

(五) 必要的附图 (见图 17-1、图 17-2、图 17-3)

图 17-1　传输码流 TS 的安全传输方法和装置 (1)

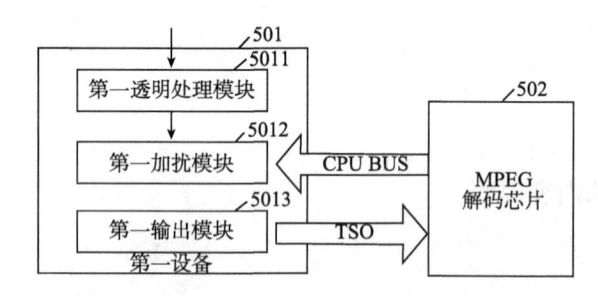

图 17-2　传输码流 TS 的安全传输方法和装置 (2)

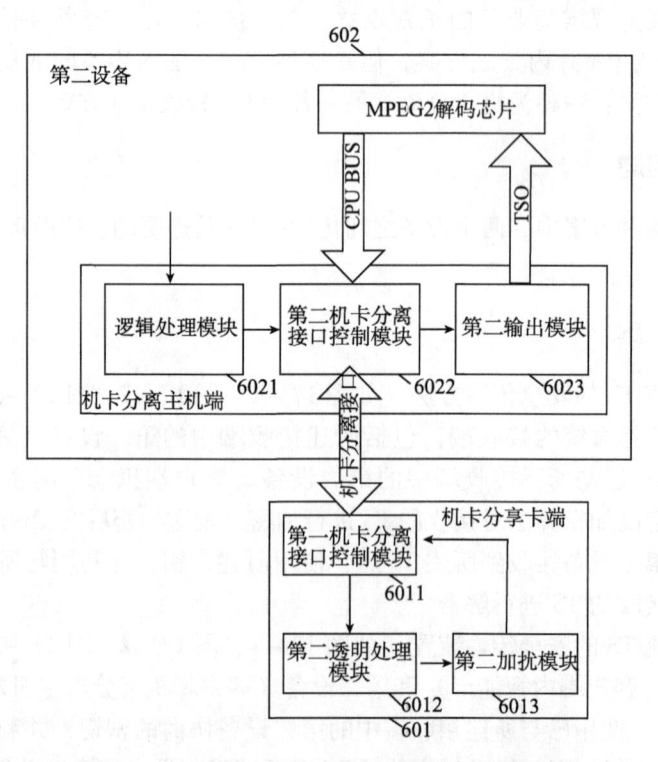

图 17-3　传输码流 TS 的安全传输方法和装置 (3)

三、确定待分类的技术主题

（一）涉及发明信息的技术主题

I1：数字电视接收端机卡分离主机端和卡端之间的 TS 流安全传输方法。

I2：数字电视接收端机卡分离主机端和卡端之间的 TS 流安全传输装置。

（二）涉及附加信息的技术主题

无。

四、选择可能涉及的分类位置

发明信息的技术主题 I1 和 I2 均包含在小类 H04N（图像通信，如电视）中，具体包含在大组 H04N 21/00（可选的内容分发，例如交互式电视，VOD [视频点播]）。

五、分析并选择分类号

该发明技术方案中所涉及的 TS 流安全传输的方法具体为客户端和外围设备或者智能卡之间实施的安全通信，应给出 H04N 21/4367；对于"接收端中智能卡（CA 卡）对 TS 流加密时，使用已与所述接收端中机卡分离主机端协商的密钥"，这属于视频内容权限的管理方法，应给出 H04N 21/4627；而对于 TS 流进行加密，则应给出 H4N 21/23895。

实现上述方法时所涉及的电视接收端的相关装置，这一技术主题可以具体为智能卡本身，应给出 H04N 21/4181；以及机卡分离主机端中的相关解密装置，可以给出 H04N 21/42623。

值得注意的是，H04N 21 大组中涉及加密解密的位置有很多（如下表中所示），如果对技术把握不够，很容易产生混淆。由于该申请文件所保护的技术主题中所涉及的是对复用流的加密，而不是对视频流或附加数据进行的加密，因此在以下众多分类位置中选择出分类位置 H04N 21/23895。

H04N 21/2347	····	{涉及视频流加密（用于保密或安全通信的装置入 H04L 9/00，模拟保密系统入 H04N 7/16；为了使用广播信息或广播相关信息而使用密码系统的装置入 H04H 60/23；用于防止在没有授权的情况下从数据传输信道获取数据的装置入 H04L 12/22；无线网络中的安全装置入 H04W 12/00）}
H04N 21/2351	····	{涉及附加数据的加密（为了使用广播信息或广播相关信息而使用密码系统的装置入 H04H 60/23）}
H04N 21/23895	····	{涉及多路复用流加密}

H04N 21/4408	····	{涉及视频流的加密，例如对家庭网络中再次分发的、解密的视频流再次加密（用于保密或者安全通信的配置入 H04L 9/00；使用供广播信息或者广播相关的信息使用的密码的配置入 H04H 60/23）}

续表

六、确定完整的分类号

CCI：H04N 21/4181
　　　H04N 21/4367
　　　H04N 21/23895
　　　H04N 21/42623
　　　H04N 21/4623

七、CPC 分类启示

（1）只有准确理解技术并正确定位分类号，才能保证分类结果的质量。以该发明为例，由背景技术和本领域专业知识可知，所谓 TS 是具有共同时间基准或具有独立时间基准的一个或多个节目基本流组合而成的、单一的数据流，因此考虑复用流的加密位置，而不能误认为是对视频流的加密处理。

（2）H04N 21/00 大组涉及大量 IT 应用技术，EPO 分类人员由于各自对技术理解的不同，分类的结果也存在差异。国知局分类人员在 EPO 实习 CPC 期间，EPO 分类人员给出的分类号和 SIPOABS 数据库中检索到的分类号并不相同，在 SIPOABS 数据库中给出的 CPC 为：

H04N 21/4181，H04N 21/4367，H04N 21/23895，

H04N 7/1675，H04N 21/42623，H04N 21/4408，H04N 21/4623

在 SIPOABS 数据库中给出的 CPC 分类号中，H04N 7/1675 是传统的模拟电视技术对应的分类号，由于数字电视技术的发展，现在已经基本不再使用，相关技术应分入 H04N 21 大组。H04N 21/4408 是客户端对视频流的加密，该发明是对复用流加密，因此不必给出该分类号。

案例18 5-溴-2-(α-羟基戊基)苯甲酸钠盐的不同晶型及其制备方法 (C07C)

路绪红

一、专利文献

CN104086399A

二、技术公开的内容提要

(一) 现有技术

6-卤-3-丁基-1 (3H) -异苯并呋喃酮化合物对缺血性脑血管病有一定的治疗作用，可促进患者受损的神经功能恢复。6-卤-3-丁基-1 (3H) -异苯并呋喃酮在水中基本不溶解，一般将其制成卤代-2-(α-羟基戊基)苯甲酸，以提高溶解度。但卤代-2-(α-羟基戊基)苯甲酸在室温下存放极不稳定，很容易转变为6-卤-3-丁基-1 (3H) -异苯并呋喃酮，从而不利于用药，其在低温 (4℃) 下才有限的保存时间。卤素取代2-(α-羟基戊基)苯甲酸盐类化合物的制备方法及其在药物方面的应用已有文献报道。

(二) 技术问题

5-溴-2-(α-羟基戊基)苯甲酸钠盐不同晶型的治疗效果明显优于5-溴-2-(α-羟基戊基)苯甲酸钾盐，但相关文献中均未涉及5-卤代-2-(α-羟基戊基)苯甲酸盐的晶型研究。对5-溴-2-(α-羟基戊基)苯甲酸钠盐的不同晶型进行研究，提高其药物稳定性及在水中的溶解度，满足用药需求，具有现实意义。

(三) 技术方案

本案发明对5-溴-2-(α-羟基戊基)苯甲酸钠盐的不同晶型进行研究，提供了无定型5-溴-2-(α-羟基戊基)苯甲酸钠盐、5-溴-2-(α-羟基戊基)苯甲酸钠盐晶型A和5-溴-2-(α-羟基戊基)苯甲酸钠盐晶型B。其中无定型5-溴-2-(α-羟基戊基)苯甲酸钠盐的制备方法为：称取6-溴-3-丁基-1 (3H) -异苯并呋喃酮和氢氧化钠置于结晶器中，向其中加入四氢呋喃和水，在60℃水浴下溶解反应，反应完全后，减压蒸馏除去全部溶剂得无定型的5-溴-2-(α-羟基戊基)苯甲酸钠盐；

5-溴-2-(α-羟基戊基)苯甲酸钠盐晶型 A 的制备方法为：称取无定型 5-溴-2-(α-羟基戊基)苯甲酸，加入 NaOH 的甲醇溶液，超声溶解后缓慢挥发，析出固体后，真空干燥；5-溴-2-(α-羟基戊基)苯甲酸钠盐晶型 B 的制备方法为：称取无定型 5-溴-2-(α-羟基戊基)苯甲酸，加入四氢呋喃溶解，室温下搅拌，缓慢滴加氢氧化钠的水溶液于上述溶液中，蒸发溶剂后得固体，真空干燥；另一种 5-溴-2-(α-羟基戊基)苯甲酸钠盐晶型 B 的制备方法为：称取 6-溴-3-丁基-1(3H)-异苯并呋喃酮和氢氧化钠置于烧瓶中，向其中加入甲醇，加热回流反应，蒸除甲醇，加入乙酸乙酯，震荡后滤掉不溶固体，蒸除乙酸乙酯得固体化合物，加入无水乙醚溶解，静置过夜，过滤。

（四）技术效果

将 5-溴-2-(α-羟基戊基)苯甲酸钠盐制成晶体，由于同一药物的不同晶型在外观、溶解度、熔点、溶出度、生物有效性等方面有显著不同，从而会影响药物的稳定性、生物利用度及疗效。该发明得到的 5-溴-2-(α-羟基戊基)苯甲酸盐晶型在稳定性及水溶性上均优于无定型 5-卤代-2-(α-羟基戊基)苯甲酸，有利于药物应用。

（五）必要的附图（见图 18-1）

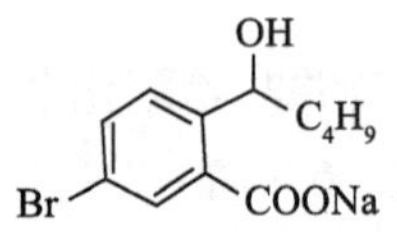

图 18-1　5-溴-2-(α-羟基戊基)苯甲酸钠盐结构式

三、确定待分类的技术主题

（一）涉及发明信息的技术主题

I1：无定型 5-溴-2-(α-羟基戊基)苯甲酸钠盐的制备方法。
I2：5-溴-2-(α-羟基戊基)苯甲酸钠盐的不同晶型及其制备方法。

（二）涉及附加信息的技术主题

A1：5-溴-2-(α-羟基戊基)苯甲酸钠盐的晶型。

四、选择可能涉及的分类位置

针对涉及发明信息的技术主题，使用关键词进行快速粗略检索，可能涉及的分类位置如表 18-1 所示。

案例18　5-溴-2-(α-羟基戊基)苯甲酸钠盐的不同晶型及其制备方法
（C07C）

表18-1　可能涉及的分类位置

技术主题	分类工具	查询	CPC 分类位置
I1	关键词索引	苯甲酸、盐、制备	C07C 51、C07C 65
I2	关键词索引	苯甲酸、盐、制备、晶型	C07C 51、C07C 65

五、分析并选择分类号

C07C 分类定义指出"除非设有专门类目，化合物的盐按化合物进行分类"。本案涉及的 5-溴-2-(α-羟基戊基)苯甲酸钠盐在 CPC 分类表中没有专门盐的分类位置，因此应当按照化合物进行分类；对于特定晶型的化合物，分类定义指出"已知化合物的多晶型按照新化合物一样的方法分类入适当的产品位置，另外需要加上引得码 C07B 2200/13"；同时，分类定义还指出"当方法被分类入方法组时，组合码用于表示制备的产品，组合码包括方法组，其后是与之连接的产品组，产品选自于相应的产品组"，由此可见，本案还需要给出组合码。

（一）选择小类

可能涉及的分类位置为 C07C，其类名为无环或碳环化合物，涉及发明信息的化合物为 5-溴-2-(α-羟基戊基)苯甲酸钠盐，符合 C07C 小类，因此选择该小类。

（二）选择组

通过在快速检索已经检索到大组 C07C 51 和 C07C 65，查阅大组的类名。

C07C 51/00	羧酸或它们的盐、卤化物或酐的制备（从油、脂肪或蜡的水解制备的羧酸入 C11C）
C07C 65/00	有羧基连接在六元芳环的碳原子上，并有羟基、氧-金属基、醛基、酮基、醚基、基中任何基团的化合物（环酐入 C07D）

技术主题 I1：无定型 5-溴-2-(α-羟基戊基)苯甲酸钠盐的制备方法，包含在 C07C 51/00 大组的范围中。

技术主题 I2：5-溴-2-(α-羟基戊基)苯甲酸钠盐的不同晶型及其制备方法。CPC 分类表中没有 5-溴-2-(α-羟基戊基)苯甲酸专门盐和晶型的位置，按照前述分类定义中"除非设有专门类目，化合物的盐按化合物进行分类"和"已知化合物的多晶型按照新化合物一样的方法分类入适当的产品位置"，因此，按照 5-溴-2-(α-羟基戊基)苯甲酸进行分类，其包含在 C07C 65/00 大组的范围中，其不同晶型的制备方法包含在 C07C 51/00 大组的范围中。

（1）选择技术主题 I1 分类号
涉及方法的分类号如下：

| C07C 51/41 | · | 羧酸盐的制备（皂的制备入 C11D）{C07C 51/093 ~ C07C 51/34 优先} |

涉及产物的分类号如下：

| C07C 65/00 | | 有羧基连接在六元芳环的碳原子上，并有羟基、氧－金属基、醛基、酮基、醚基、基中任何基团的化合物（环酐入 C07D） |
| C07C 65/01 | · | 含有羟基或氧－金属基 |

技术主题 I1 具体为称取 6－溴－3－丁基－1（3H）－异苯并呋喃酮和氢氧化钠置于结晶器中，向其中加入四氢呋喃和水，在 60℃水浴下溶解反应，反应完全后，减压蒸馏除去全部溶剂得无定型的 5－溴－2－(α－羟基戊基)苯甲酸钠盐。内酯开环水解制备羧酸盐的方法，保护的是一种羧酸盐的制备方法，首先分类入合适的方法组 C07C 51/41。

按照前述分类定义"当方法被分类入方法组时，组合码用于表示制备的产品，组合码包括方法组，其后是与之连接的产品组，产品选自于相应的产品组"，产物按照全分子处理规则和后位规则分类入 C07C 65/01，因此给出组合码 C07C 51/41，C07C 65/01。

（2）选择技术主题 I2 分类号

涉及方法的分类号如下：

| C07C 51/42 | · | 分离；纯化；稳定化；添加剂的使用 |
| C07C 51/43 | ·· | 通过物理状态的变化，例如结晶 |

技术主题 I2 具体为 5－溴－2－(α－羟基戊基)苯甲酸钠盐的不同晶型及其制备方法。首先保护的是 5－溴－2－(α－羟基戊基)苯甲酸钠盐晶型 A 和 5－溴－2－(α－羟基戊基)苯甲酸钠盐晶型 B，新的晶型分类入化合物本身位置，即 C07C 65/01；其次还保护了晶型 A 的制备方法，结晶的方法分类入 C07C 51/43，按照前述分类定义的规定还应给出组合码 C07C 51/43，C07C 65/01；最后还保护了晶型 B 的两种制备方法，结晶的方法分类入 C07C 51/43，再给出组合码 C07C 51/43，C07C 65/01。

（3）选择 CPC 的 2000 系列引得码

分类定义指出"已知化合物的多晶型按照新化合物一样的方法分类入适当的产品位置，另外需要加上引得码 C07B 2200/13"，该发明技术主题 I2 涉及多晶型，还需要给出 C07B 2200/13。

六、确定完整的分类号

针对待分类的技术主题 I1，最终给出的完整分类号如下：
CCI：C07C 51/41
C－set：C07C 51/41，C07C 65/01

针对待分类的技术主题 I2 和 A1，最终给出的完整分类号如下：
CCI：C07C 65/01

  C07C 51/43
CCA：C07B 2200/13
C – set：C07C 51/43，C07C 65/01

七、CPC 分类启示

（1）多个分类规则的理解和使用
  具体分类实践是个复杂的过程，多数情况下需要结合多个原则、规则以及分类方法进行综合考量。本案在对方法分类时只需考虑最后位置规则，但是对产品分类时还需同时考虑最后位置规则和全分子处理规则，以保证分类结果的完整性和准确性。
（2）熟悉和掌握分类定义的作用
  CPC 的分类定义在分类实践中非常重要，应当熟练掌握分类定义中的各种规定。该发明在对盐和新晶型分类时参照了分类定义，另外，组合码也是按照分类定义的要求给出。
（3）2000 系列引得码的使用
  2000 系列引得码是 CPC 特有的引得体系，其可以从多角度进行分类，提供更全面、更多维度的技术信息。

案例 19　一种 Exendin – 4 及其类似物融合蛋白（C07K）

肖英华

一、专利文献（根据 CN101891823A 进行分类）

CN101891823A
EP2581389A1

二、技术公开的内容提要

（一）现有技术

毒蜥外泌肽 – 4（exendin – 4）是一种含有 39 个氨基酸、能够刺激胰岛素分泌的肽激素。其早年是从生长在美国西南部和墨西哥沙漠的希拉毒蜥（Gila monster）的唾液中发现的一种激素物质，氨基酸序列与胰高血糖素样肽 – 1（GLP – 1）具有 53% 的同源性，是一种 GLP – 1 受体（GLP – 1R）的潜在激动剂。与 GLP – 1 相反，exendin – 4 在水溶液中能形成单体螺旋，这种螺旋由于疏水性 C 端的首尾相互作用，会表现出罕见的热稳定性。同时，由于对二肽基肽酶 – IV（DPP – IV）的降解有较强的抵抗性，exendin – 4 在人体内的半衰期为 2~3 小时，远长于 GLP – 1 的 1~2 分钟，因此，其稳定性和生物活性明显高于 GLP – 1，显示出较 GLP – 1 更好的糖尿病治疗效果。

（二）技术问题

由于 exendin – 4 的分子量小，能被肾脏快速清除，不能持续刺激 GLP – 1R，需要每天注射 2 次才能获得满意的治疗效果，给临床治疗带来诸多不便。因此，开发长效 Exendin – 4 类药物将更有利于提高其治疗 1 型和 2 型糖尿病的效果。

（三）技术方案

本案发明涉及一种 exendin – 4 及其类似物融合蛋白，所述融合蛋白是由 exendin – 4 及其类似物通过连接肽与免疫球蛋白 IgG 的 Fc 部分融合而成。此外，该发明还涉及所述融合蛋白的多核苷酸序列、载体、宿主细胞、制备方法、药物组合物和药物应用，其中，所述融合蛋白的多核苷酸序列、载体、宿主细胞、制备方法为常规技术。

（四）技术效果

该发明的 exendin – 4 及其类似物融合蛋白，具有更高的稳定性和更长的体内半衰期，能够根据体内葡萄糖水平的高低按需促进胰岛 β 细胞的再生和修复,增加胰岛 β 细胞的数量,进而促进胰岛素的分泌,并提升机体对胰岛素的敏感性,具有优异的降血糖效果和极低的低血糖风险,还能够减轻体重,同时还可能发挥降脂、降压作用,从而对心血管系统产生保护作用,还可通过作用于中枢增强歇息和记忆功能,保护神经系统。

三、确定待分类的技术主题

(一)涉及发明信息的技术主题

I1:通过连接肽与免疫球蛋白 IgG 的 Fc 部分融合而成的 exendin-4 及其类似物融合蛋白。

(二)涉及附加信息的技术主题

A1:exendin-4 及其类似物融合蛋白的药物组合物和药物应用。

四、选择可能涉及的分类位置

针对涉及发明信息和附加信息的技术主题 I1、A1,使用关键词进行快速粗略检索,可能涉及的分类位置如表 19-1 所示。

表 19-1 可能涉及的分类位置

技术主题	查询	CPC 分类位置
I1	exendin-4、免疫球蛋白、IgG、Fc、融合蛋白	C07K 14、C07K 16、C07K 2319
A1	exendin-4、免疫球蛋白、IgG、Fc、融合蛋白、药物	A61K 38

五、分析并选择分类号

I1:通过连接肽与免疫球蛋白 IgG 的 Fc 部分融合而成的 exendin-4 及其类似物融合蛋白。

C07K 14/00 分类定义的"本大组分类的特殊规则"中明确规定,融合肽分类入其成分的位置。该文献进一步给出 C07K 2319/00 融合蛋白质的位置,其中,成分分类位置以发明信息(CCI)给出,C07K 2319/00 分类位置以附加信息(CCA)给出。

该发明涉及通过连接肽与免疫球蛋白 IgG 的 Fc 部分融合而成的 exendin-4 及其类似物融合蛋白,首先按其成分进行分类,再进一步给出 C07K 2319/00 分类位置。该融合蛋白的三种成分分别为 exendin-4 及其类似物、连接肽、免疫球蛋白 IgG 的 Fc 部分。其中:exendin-4 含有 39 个氨基酸,按照其氨基酸大小可分类入 C07K 14/00(具有多于 20 个氨基酸的肽）；exendin-4 来自毒蜥，可细分类入 C07K 14/435（来自动物；来自人类）；exendin-4 是一种能够刺激胰岛素分泌的肽激素，可进一步细分类入 C07K 14/575（激素）；在外网检索发现 exendin-4 是一种血管活性肠肽相关肽，可更进一步细分类入 C07K 14/57563（血管活性肠肽（VIP）；相关肽）。连接肽在主分类表没有相关分类位置。免疫球蛋白 IgG 的 Fc 部分是一种常规技术，不需给出主分类表分类位置。该融合蛋白按其成分进行分类以后，再进一步给出 C07K 2319/00 分类位置，可细分类入 C07K 2319/30（具有免疫球蛋白恒定区或 Fc 区，或其片段，与其连接的非免疫球蛋白衍生肽或蛋白质）。

相关分类表如下：

C07K 14/00		具有多于 20 个氨基酸的肽；促胃液素；生长激素释放抑制因子；促黑激素；其衍生物
C07K 14/435	·	来自动物；来自人类
C07K 14/575	··	激素（由阿片促黑皮质素原、脑啡肽原或前慢可逆性内啡肽衍生入 C07K 14/665，例如促肾上腺皮质激素入 C07K 14/695）
C07K 14/57563	···	{血管活性肠肽（VIP）；相关肽}
C07K 2319/00		融合多肽
C07K 2319/30	·	具有免疫球蛋白恒定区或 Fc 区，或其片段，与其连接的非免疫球蛋白衍生肽或蛋白质

A1：exendin-4 及其类似物融合蛋白的药物组合物和药物应用。

A61K 38/00 附注明确规定：涉及新肽如酶，或新编码肽的 DNA 或 RNA、及其在医药配制品中的应用的文献，依据该肽分类入 C07K 小类或 C12N 9/00 组中，同时给出其药物应用相关的适当引得码。

A61K 38/00 分类定义"与其他分类位置关系"中明确规定：在专利文献中，权利要求保护蛋白质或肽分类入 C07K 小类下的适当小组，如果权利要求进一步保护蛋白质或肽在治疗中的应用，则需给出附加信息分类号 A61K 38/00。

该发明涉及 exendin-4 及其类似物融合蛋白的药物组合物和在制备药物中的应用，是一种含新肽的药物组合物及其在制备药物中的应用，可进一步给出 A61K 38/00 作为附加信息。

六、确定完整的分类号

根据上述分析，该文献完整的分类号如下：
CCI：C07K 14/57563
CCA：C07K 2319/30
　　　A61K 38/00

七、CPC 分类启示

（1）融合蛋白质在 CPC-C07K 分类定义中具有明确定义，即融合蛋白质是由不同蛋白质（部分）通过肽键彼此共价连接组成的肽，这点不同于 IPC。在 IPC 中，融合蛋白质没有定义，按照杂合肽进行分类，而杂合肽在 IPC-C07K 附注定义为：通过两种或多种异源肽的融合作用或共价键合而生成的肽，融合蛋白质在 IPC 中分类入 C07K 19/00。综上，应注意融合蛋白质在 CPC 和 IPC 中的分类方法是不同的。

（2）融合蛋白质根据其肽成分进行分类，例如：由肽和抗体形成的融合蛋白质根据肽来源和抗体成分分别分类入 C07K 14 和 C07K 16；由肽和酶形成的融合蛋白质根据肽来源和酶成分分别分类入 C07K 14 和 C12N 9，并进一步给出引得码 C07K 2319/00 融合多肽的位置。对于每一个融合蛋白质都应该使用 C07K 2319/00 的引得码，如果不能细分类入其下小组，可以直接使用大组进行标引。融合蛋白质按其肽成分进行分类，有可能会给出两个 C07K 14 的分类号，但当其中某一组分是常规技术，如标签、定位信号、跨膜片段或 RNA 结合域，则只需给出一个 C07K 14 的分类号并加上 C07K 2319 的引得码。

（3）含新肽的药物组合物或在制备药物中的应用在 CPC 和 IPC 中的分类方法也是不同的。在 IPC 中，含新肽的药物组合物或在制备药物中的应用，根据其肽成分细分类入 A61K 38/00 适当组，再根据其治疗活性给出 A61P 适当位置。但是，包含已知肽的药物制剂不分类入 C07K，只分类入 A61K。

案例 20　用于生产聚氨酯的方法（C08G）

马　成

一、专利文献

CN103906779A
EP2748219A1

二、技术公开的内容提要

（一）现有技术

①接枝多元醇使用 2~8 官能度的聚醚醇与苯乙烯和丙烯腈而制备，并与其他多元醇混合生产硬质聚氨酯泡沫；②含有特定比例环氧乙烷的聚醚醇制备的接枝多元醇生产硬质聚氨酯泡沫的方法；③含有特定含量的苯乙烯和丙烯腈的接枝多元醇生产硬质聚氨酯泡沫的方法；④仅由丙烯腈作为单体而制备的接枝多元醇制备硬质聚氨酯泡沫的方法。

（二）技术问题

现有硬质聚氨酯泡沫生产中，使用接枝多元醇生产的产品存在着起始化合物的相稳定性差的问题。

（三）技术方案

本案发明涉及一种生产硬质聚氨酯泡沫的方法，由多异氰酸酯与含有至少两个对异氰酸酯基团呈反应性的氢原子的化合物反应得到，该活性氢化合物包括：①由烯属不饱和单体在聚醚醇中原位聚合制备的接枝多元醇；②由芳族胺和环氧烷烃反应制备的聚醚醇；③由糖和环氧烷烃反应制备的聚醚醇。此外，活性氢化合物中还包含至少一种含填料的多元醇和至少一种触变胶。

（四）技术效果

该发明基于相稳定多元醇组分，制备的硬质聚氨酯泡沫有良好的机械性能和脱模性能以及低导热性。

三、确定待分类的技术主题

（一）涉及发明信息的技术主题

I1：以多异氰酸酯和具有活性氢的化合物制备硬质聚氨酯泡沫的方法，其中活性氢化合物由接枝多元醇和不同聚醚醇组成。

（二）涉及附加信息的技术主题

A1：硬质聚氨酯泡沫，泡沫密度小于30g/l。

四、选择可能涉及的分类位置

针对涉及发明信息的技术主题I1，使用关键词进行粗略检索，可能涉及的分类位置如表20-1所示。

表20-1 可能涉及的分类位置

技术主题	查询	分类位置
I1	聚氨酯泡沫、聚醚、接枝多元醇、聚合物多元醇	C08G 18、C08J 9

五、分析并选择分类号

（一）选择小类

根据可能涉及的分类位置C08G 18和C08J 9，在小类C08G和C08J中进行选择。C08G具体信息如下。

C08G	用碳-碳不饱和键以外的反应得到的高分子化合物

涉及发明信息的技术主题I1是硬质聚氨酯泡沫的制备，涉及聚氨酯化合物本身的制备过程。查阅C08G的小类类名，本领域技术人员可知聚氨酯是用碳-碳不饱和键以外的反应得到的高分子化合物，符合C08G小类的定义，因此选择小类C08G。

对于C08J，通过C08J小类下分类定义中的定义陈述可知：C08J涉及的是聚合物相关的化学方面的加工工艺。C08J 9/00信息如下。

C08J 9/00	高分子物质加工成多孔或蜂窝状制品或材料；它们的后处理（机械方面入B29D 27/00；以使用的单体或催化剂为特征的异氰酸酯或异硫氰酸酯泡沫聚合物产品入C08G 18/00）

从 C08J 9/00 的类名可知，其属于化学方面的发泡成型工艺，并且参见指出"以使用的单体或催化剂为特征的异氰酸酯或异硫氰酸酯泡沫聚合物产品入 C08G 18/00"。本案的改进点在于活性氢物质，而发泡剂选用的是一些常见物质，没有改进。因此，只选择小类 C08G。

（二）选择组

通过快速检索已经检索到大组 C08G 18，查阅该大组的类名。C08G 18/00 如下。

C08G 18/00	异氰酸酯类或异硫氰酸酯类的聚合产物（多孔或蜂窝状材料的制备工艺过程，其中单体或催化剂并不是特定的入 C08J）

该发明涉及含活性氢物质与二异氰酸酯反应而制得的聚氨酯泡沫，符合 C08G 18/00 大组的类名。

C08G 18/00 大组下的细分位置较多，由 IPC 的 60 条细分增加到 573 条细分条目，将聚合工艺及聚合原料的化学结构进行细化，突出不同原料间的组合使用。同时，C08G 小类下有附注"在本小类每个大组范围内，如无相反指示时，分类入最后适当位置。"，即 C08G 18 组应遵循最后位置规则。

（1）选择 CPC 分类号（主分类表）

C08G 18/40	···	高分子量化合物 {（C08G 18/2805 优先）}
C08G 18/4009	····	{C08G 18/42 – C08G 18/64 单一组所不包括的两种或多种高分子化合物}
		······
C08G 18/4072	·····	{C08G 18/63 组的化合物和其他高分子化合物的混合物}
C08G 18/4081	·····	{C08G 18/64 组的化合物和其他高分子化合物的混合物}
C08G 18/409	····	{C08G 的聚合物在具有活性氢的有机化合物中的分散体}
		······
C08G 18/48	····	聚醚
C08G 18/4804	·····	{两种或两种以上物理或化学性质不同的聚醚}
C08G 18/4808	·····	{两种或两种以上聚醚二醇的混合物}
C08G 18/4812	······	{聚醚二醇和至少带有三个羟基的聚醚多元醇的混合物}
C08G 18/4816	······	{两种或两种以上至少带有三个羟基的聚醚多元醇的混合物}
C08G 18/482	·····	{至少有一个含氮聚醚的聚醚混合物}
		······
C08G 18/487	·····	{含环状基团的聚醚}
C08G 18/4875	······	{含环脂族基团}
C08G 18/4879	······	{含芳基}

续表

C08G 18/4883	······	{含至少在环上有一个氧原子的环基}
	······	
C08G 18/50	·····	具有氧以外的其他杂原子
C08G 18/5003	······	{有卤原子}
C08G 18/5006	·······	{有氯原子和/或溴原子}
C08G 18/5009	········	{有氯原子}
C08G 18/5012	········	{有溴原子}
C08G 18/5015	·······	{有氟原子}
C08G 18/5018	·······	{有碘原子}
C08G 18/5021	······	{有氮原子}
C08G 18/5024	·······	{含伯和/或仲氨基}
C08G 18/5027	········	{直接连接在碳环上}
C08G 18/503	········	{呈潜在形式}
C08G 18/5033	········	{含碳环基团（C08G 18/5024 优先）}
	······	
C08G 18/63	····	将具有碳-碳双键化合物聚合到聚合物上而得到的嵌段或接枝聚合物
C08G 18/631	·····	{聚合到聚酯和/或聚碳酸酯上}
C08G 18/632	·····	{聚合到聚醚上}
	······	
C08G 18/65	···	具有活性氢的低分子量化合物与具有活性氢的高分子量化合物{（C08G 18/2805 优先）}
C08G 18/66	····	属于 C08G 18/42、C08G 18/48 或 C08G 18/52 组的化合物
	······	
C08G 18/6666	······	{和 C08G 18/48 或 C08G 18/52 组的化合物}
C08G 18/667	······	{和 C08G 18/32 组的化合物或 C08G 18/38 组的多胺}
C08G 18/6674	·······	{和 C08G 18/3203 组的化合物}

根据说明书中实施例所列表格分别对实施例1和实施例2进行分类。见表20-2。

表20-2 对实施例1和实施例2的分类

	对比实施例1	对比实施例2	对比实施例3	实施例1	实施例2
多元醇1	30	30	30	30	21
多元醇2	48	48	48	48	42

续表

	对比实施例1	对比实施例2	对比实施例3	实施例1	实施例2
多元醇3					
多元醇4	16				
二丙二醇					1
多元醇5		16			
多元醇6			16	16	30
Byk431				1	1
Byk410		1	1		
稳定剂	2	2	2	0.4	0.4
水	2.3	2.3	2.3	2.3	2.3
催化剂	1.8	1.8	1.8	1.8	1.8
环戊烷	9.8	9.8	9.8	9.8	9.8
异戊烷	4.2	4.2	4.2	4.2	4.2
在不使之具有触变性下的相稳定	是	否	否	否	否
使之具有触变性	否	否	否	是	是
指数	117	117	117	117	117
纤维时间[s]	43	40	40	37	40
自由发泡密度[g/l]	23.8	24.5	24.5	23.9	24.3
最小填充密度[g/l]	31.9	32.1	32.1	29	31.6
流动因子	1.31	1.31	1.31	1.33	1.30

在分类时应综合考虑整体分类原则、多重分类和最后位置规则。最后位置规则与多重分类原则并不冲突，在给出最后位置规则之后，对于技术主题的其他重要方面也要进一步给出分类号。

实施例1如下。

活性氢物质由多元醇1（基于邻位TDA、环氧乙烷和环氧丙烷的聚醚醇）、多元醇2（基于蔗糖、丙三醇和环氧丙烷的聚醚醇）、多元醇6（基于多元醇3、丙烯腈和苯乙烯的接枝多元醇）和Byk431（聚酰胺溶解在异丁醇/单苯基二醇的混合物中）组成。

首先，找到高分子活性氢化合物和低分子活性氢化合物的整体分类位置C08G 18/6666，通过所含具体物质的化学结构看是否能够细分，含有"单苯基二醇"可以细分类入C08G 18/6674。相比较IPC，CPC分类表中的C08G 18/40下设有聚合物组合物的位置，因此，根据实施例1中聚合物组合物的具体组成给出C08G 18/4072；同理在C08G 18/48下也有聚醚组合物的位置，给出C08G 18/482。

其次，考虑完整体分类位置后，需要对活性氢组合物中每一种活性氢物质分别给出对应的分类号：多元醇1是以甲苯二胺（TDA）为起始剂制备的聚醚醇，分类入含氮聚醚的位置 C08G 18/503；多元醇2是以蔗糖为起始剂制备的聚醚，这种聚醚结构中含有环氧基团，分类入 C08G 18/4883；多元醇6是以丙烯腈和苯乙烯为接枝单体的接枝聚合物，分类入 C08G 18/632；Byk431 在说明书 0057 段有详细描述，为聚酰胺溶解在异丁醇/单苯基二醇的混合物中，这种描述一般认为聚酰胺不含活性氢基团，而 CPC 分类表中设置了这种混合物的位置，直接分类入 C08G 18/409。

实施例 2 如下。

活性氢物质由多元醇1（基于邻位 TDA、环氧乙烷和环氧丙烷的聚醚醇）、多元醇2（基于蔗糖、丙三醇和环氧丙烷的聚醚醇）、二丙二醇、多元醇6（基于多元醇3、丙烯腈和苯乙烯的接枝多元醇）和 Byk431（聚酰胺溶解在异丁醇/单苯基二醇的混合物中）组成。

通过与实施例1中的活性氢物质比较，只是多了一个二丙二醇，这种常见的活性氢物质一般不用给出分类号，用整体分类位置 C08G 18/6674 来体现即可。因此，实施例2 给出的分类号与实施例1给出的分类号相同。

（2）选择 CPC 的 2000 系列引得码

C08G 2101/00		泡沫材料
C08G 2101/0008	·	柔性的
C08G 2101/0016	·	半刚性的
C08G 2101/0025	·	刚性的
C08G 2101/0033	·	具有完整的外壳
C08G 2101/0041	·	具有特定的密度
C08G 2101/005	··	<50 千克/米
C08G 2101/0058	··	>50 并且 <150 千克/米
C08G 2101/0066	··	>150 千克/米包括微孔泡沫
C08G 2101/0075	·	用 60 或更低的异氰酸酯指数制备的
C08G 2101/0083	·	用水作为唯一发泡剂制备的
C08G 2101/0091	·	气凝胶；干凝胶

该发明制备的是硬质聚氨酯泡沫，给出分类号 C08G 2101/0025。说明书 0107 段指出该发明制备的泡沫密度小于 30g/l，给出分类号 C08G 2101/005。

六、确定完整的分类号

根据上述分析，该申请文献完整的分类号如下：
CCI：C08G 18/6674
　　　C08G 18/503

    C08G 18/4883
    C08G 18/632
    C08G 18/482
    C08G 18/4072
    C08G 18/409
CCA：C08G 2101/0025
    C08G 2101/005

七、CPC 分类启示

（1）C08G 18 组的专利文献，通常权利要求保护过于上位，应按照实施例进行分类。

（2）对于最后位置规则、整体分类原则和多重分类原则，分类过程中要综合考虑。

（3）C08G 18 组相关的 2000 系列引得码从泡沫材料、应用及其他特征进行展开，以从多角度进行分类并提供更全面的技术信息。分类中应充分关注这些引得码。